BIBLA PËR PJEKËSINË DHE BARBEKU TUAJ

100 receta madhështore për të zotëruar artin e pjekjes në skarë dhe kështu mahnit miqtë dhe familjen

Luljana Malaj

Të gjitha të drejtat e rezervuara.

Mohim përgjegjësie

Informacioni i përmbajtur në këtë eBook ka për qëllim të shërbejë si një koleksion gjithëpërfshirës i strategjive për të cilat autori i këtij libri elektronik ka bërë kërkime. Përmbledhjet, strategjitë, këshillat dhe truket janë vetëm rekomandime nga autori dhe leximi i këtij libri elektronik nuk do të garantojë që rezultatet e dikujt do të pasqyrojnë saktësisht rezultatet e autorit. Autori i librit elektronik ka bërë të gjitha përpjekjet e arsyeshme për të ofruar informacion aktual dhe të saktë për lexuesit e librit elektronik. Autori dhe bashkëpunëtorët e tij nuk do të mbajnë përgjegjësi për ndonjë gabim ose lëshim të paqëllimshëm që mund të gjendet. Materiali në eBook mund të përfshijë informacione nga palë të treta. Materialet e palëve të treta përmbajnë mendime të shprehura nga pronarët e tyre. Si i tillë, autori i librit elektronik nuk merr përsipër përgjegjësi ose përgjegjësi për ndonjë material ose opinion të palëve të treta. Qoftë për shkak të përparimit të internetit, ose për shkak të ndryshimeve të paparashikuara në politikën e kompanisë dhe udhëzimet e paraqitjes editoriale, ajo që deklarohet si fakt në kohën e këtij shkrimi mund të bëhet e vjetëruar ose e pazbatueshme më vonë.

Libri elektronik është me të drejtë autori © 202 2 me të gjitha të drejtat e rezervuara. Është e paligjshme rishpërndarja, kopjimi ose krijimi i veprës së derivuar nga ky eBook tërësisht ose pjesërisht. Asnjë pjesë e këtij raporti nuk mund të riprodhohet ose ritransmetohet në çfarëdolloj riprodhimi ose ritransmetimi në çfarëdo forme pa lejen e shkruar dhe të nënshkruar nga autori.

TABELA E PËRMBAJTJES

TABELA E PËRMBAJTJES 3
HYRJE 7
SHEVE 9
   1.   Një pulë me kajsi në hell 10
   2.   Skelat e detit me glazurë me mollë 13
   3.   Hell peshku të pjekur në skarë 15
   4.   Mish viçi në verë në hell 18
   5.   Helltë me speca kungulleshka të skuqura 20
   6.   Kopsht mbi një hell 22
   7.   Karkaleca me hudhër 25
   8.   Hellto halumi 27
   9.   Qengj japonez me hell 30
  10.   Mish i varietetit të zier 32
  11.   Hell piri piri me fiston 35
  12.   Kërpudha portabella dhe speca 38
  13.   Hell me patate të kuqe 41
  14.   Fiston me hell 43
  15.   Tofu me hell në marinadë portokalli 45
  16.   Skelat e pulës në stilin Jukatan 48
  17.   Shirita viçi teriyaki 50
  18.   Fire kabobs 52
  19.   Hell pule të stilit grek 54
  20.   Kebab teriyaki me biftek dhe kërpudha 56
  21.   Hell viçi me mëlçi me pancete 59
  22.   Hell Mahi-mahi me gjalpë deti 62
  23.   Bishti i karavidheve me fruta tropikale të pjekur në skarë . 65
  24.   Qebap derri tropikal 68
  25.   Pulë aziatike me hell 70
  26.   Pirg pule në Barbekju 72
  27.   Kaboba me salsiçe të ëmbla ngjitëse 74

28.	TORTILA ME SALLAM DHE MUSTARDË TË PJEKUR NË SKARË	76
29.	BIFTEK ME SPECA NË NJË SHKOP	78
30.	PULE RAMJAM	80
31.	SHISH QEBAP	82
32.	BIFTEKU FAJITAS	84
34.	KARKALECA BORZILOK	88
35.	SEITAN I PJEKUR NË SKARË DHE KABOBA ME PERIME	90
36.	HELLE PERIMESH TE PJEKURA NE SKARE ME SALCE LECKE	92
37.	HELL ME PERIME TË PJEKURA NË SKARË	95
38.	PERIME TË PJEKURA NË SKARË CHIMICHURRI	98
39.	HELL PORTOKALLI DHE LULESHTRYDHE TË PJEKURA NË SKARË	101
40.	PULË BAJAME TË PJEKUR NË SKARË	103
41.	MISH DERRI I PJEKUR NË SKARË ME BAR LIMONI	106
42.	G ZEMËR VIÇI I PJEKUR	109
43.	"SKARA E PËRZIER" NË SKARË	112

KRAHËT E PJEKUR NË SKARË 115

44.	KRAHË KILI TË PJEKUR NË SKARË	116
45.	KRAHË PULE TË NXEHTA TË PJEKURA NË SKARË	118
46.	KRAHËT E PULËS ME PIPER TË BARDHË	120
47.	KRAHË PULE TË MARINUARA ME SOJE	123
48.	KRAHË PULE TAJLANDEZE BBQ	125
49.	KRAHË	128
50.	KRAHË PIKANTE PËR BARBECUE	131
51.	O KRAHË TË PJEKUR NË SKARË	134
52.	BBQ WINGFLINGERS	136
53.	KRAHËT E BUALLIT TË PJEKUR NË SKARË	138
54.	KRAHË PULE ME SODË LIMON-LIME	140

SUXHUK I PJEKUR NË SKARË 142

55.	TOPA ME SALSIÇE PËR MËNGJES	143
56.	SUXHUK ME KËRPUDHA TË EGRA TË PJEKURA NË SKARË	145
57.	TAPAS SALLAM I PJEKUR NË SKARË	148

58.	SALCICE TË PJEKURA NË SKARË	151
59.	SUXHUK I TYMOSUR I PJEKUR NË SKARË	154
60.	SANDUIÇE ME SALSIÇE PËR MËNGJES	157
61.	SUXHUK LLAK NË SKARË	159
62.	SALSIÇE ANDOUILLE ROULA TË PJEKURA NË SKARË	161
63.	KREPINETA ME SALLAM GJAHU TË PJEKUR NË SKARË	164
64.	SUXHUK MAROKEN I BËRË NË SHTËPI QENGJI	167
65.	SALCICE	170
66.	SALLAM I PJEKUR NË SKARË NË TORTILLA	173
67.	SANDUIÇE ME SALLAM TË PJEKUR NË SKARË	175
68.	SALLAM I PJEKUR NË SKARË ME PIPER	178
69.	SALLAM I PJEKUR NË SKARË ME MUSTARDË PIKANTE	181
70.	SALLAM I PJEKUR NË SKARË DHE PORTOBELLO	183
71.	SALCICE TË PJEKURA NË SKARË ME SALCË	186
72.	SALCICE TË PJEKURA NË SKARË ME RRUSH	189
73.	SALCICE PULE TAJLANDEZE TË PJEKURA NË SKARË	192

74. Skarkale dhe sallam 192 _ _ 194

PREZANTIMI

Pjekja në skarë është gatimi i diçkaje në skarë ose zjarr të hapur, me një burim të drejtpërdrejtë nxehtësie, me kapak të hapur. Pak ose aspak tym përfshihet në proces dhe përdoret për gjëra që gatuhen mirë në nxehtësi mesatare deri në të lartë.

Pjekja në skarë bëhet me kapak të mbyllur, mbi nxehtësi të ulët, zakonisht indirekte, shpesh duke përfshirë pirjen e duhanit si pjesë e metodës së gatimit. Përdoret për prerje dhe fuga më të mëdha që përfitojnë nga koha e gjatë e gatimit dhe mund të trajtojnë shijen e tymit.

Këshilla për pjekje në skarë

A. Kur gatuani bifteke, përdorni nxehtësi të lartë dhe të drejtpërdrejtë. Kjo do të thotë kohë gatimi midis 9 dhe 12 minuta për një biftek mesatar.
B. Për hamburgerët, përdorni nxehtësinë mesatare në të lartë, të drejtpërdrejtë. Kjo do të thotë 8 deri në 10 minuta për një burger mesatar.
C. Për mishin e derrit, përdorni, nxehtësinë e drejtpërdrejtë. Kjo do të thotë që një copë derri me prerje të trashë do të bëhet për rreth 12 minuta.
D. Për pulën, përdorni nxehtësinë indirekte. Sigurisht, është një kohë më e gjatë gatimi, por siguron që mishi i pulës të jetë pjekur dhe të mos thahet. Kjo do të thotë se gjoksi i pulës do të bëhet për rreth 20-25 minuta.
E. Nëse aplikoni salcë, përdorni nxehtësinë mesatare dhe prisni deri në 5 minutat e fundit të gatimit. Salca mund të ketë shumë sheqer dhe sheqeri digjet.

F. Për sallam, përdorni nxehtësi indirekte. Për shkak se sallami ka një përmbajtje më të lartë yndyre, kjo është e rëndësishme për t'u siguruar që të mos digjet/gërryhet ndërsa gatuhet plotësisht. Kjo do të thotë se sallami do të bëhet për rreth 25 minuta.
G. Për peshkun, përdorni nxehtësi të lartë dhe të drejtpërdrejtë. Kjo do të thotë se një fileto salmoni do të bëhet për rreth 10 minuta.
H. Mos e shponi mishin tuaj. Besoni temperaturën dhe kohën e gatimit.
I. Mos e shtyni mishin poshtë kundër grilave. Kjo nxit shpërthime. Shpërthimet janë të rrezikshme. Ato gjithashtu çojnë në djegien e ushqimit tuaj.
J. Për perimet, lyejini me vaj, kthejini shpesh dhe shmangni karbonizimin e tepërt.

SHEVE

1. Një pulë me kajsi në hell

Rendimenti: 6 porcione

Përbërës

- 3 paund gjoks pule pa kocka, të prera në copa 4 inç
- 2 thelpinj hudhër, të grira Kripë dhe piper për shije
- 4 qepë të moderuara , të grira hollë
- 2 luge vaj
- 1½ lugë çaji koriandër
- ½ lugë çaji Qimnon
- 1½ lugë çaji pluhur kerri i nxehtë
- 1 lugë sheqer kaf
- ½ filxhan lëng limoni të freskët
- 4 lugë reçel kajsie
- 2 luge miell
- 30 gjysma kajsie të thata
- 1 qepë, e prerë në katrorë 2 inç
- 2 gjethe dafine

Drejtimet

a) Në një pjatë të madhe përzieni copat e pulës, hudhrën, kripën dhe piperin; le menjane. Në një tigan të moderuar , skuqni qepët në vaj derisa të marrin ngjyrë të artë. Përzieni koriandërin, qimnonin dhe pluhurin e kerit.

b) I trazojmë për të lyer qepët, më pas shtojmë sheqerin kaf, lëngun e limonit dhe reçelin. Shtoni ½ filxhan ujë. Lëreni të ziejë, duke e përzier vazhdimisht. Hiqeni nga nxehtësia. Kur të ftohet, hidhet sipër pulës. Shtoni gjethet e dafinës dhe vendoseni në frigorifer gjatë natës. Të nesërmen, mishin hell me qepë dhe kajsi në hell.

c) Piqni në skarë mbi thëngjill ose piqni në skarë (7 minuta nga secila anë). Ndërsa mishi gatuhet në skarë, hiqni gjethet e dafinës nga shëllira dhe vendoseni në një tenxhere të rëndë. Lëreni të vlojë.

2. Hell me glazurë me prodhim deti me mollë

Rendimenti: 6 porcione

Përbërës

- 1 kanaçe Koncentrat i lëngut të mollës së ngrirë
- 1 lugë gjelle gjalpë dhe mustardë Dijon
- 1 piper i madh i kuq i embel
- 6 segmente proshutë
- 12 Fiston deti
- 1 paund karkaleca të prera, të devijonuara (rreth 36)
- 2 lugë të prera në kubikë majdanoz i freskët

Drejtimet

a) Në një tenxhere të thellë dhe të rëndë, zieni koncentratin e lëngut të mollës mbi nxehtësinë e lartë 7 10 minuta ose më shumë derisa të reduktohet në rreth ¾ filxhan. Hiqeni nga nxehtësia, shtoni gjalpin dhe mustardën derisa të jetë e qetë. Le menjane. Pritini specin në gjysmë dhe hiqni farat dhe kërcellin, priteni piperin në 24 pjesë. Pritini segmentet e proshutës në gjysmë në mënyrë tërthore, mbështillni çdo fiston në një copë proshutë.

b) hell , fiston dhe karkaleca në mënyrë alternative në 6 hell. Vendosni hell mbi skarë të lyer me vaj. Piqeni në skarë mbi nxehtësi mesatare të lartë për 2-3 minuta, duke e lyer me lustër me lëng molle dhe duke e rrotulluar shpesh, derisa fiston të bëhet i errët, karkaleca të jetë rozë dhe piper të zbutet. Shërbejeni të spërkatur me majdanoz.

3. Skewers peshku në Barbecue

Rendimenti: 4 porcione

Përbërës

- 1 kile peshk i bardhë i fortë
- 1 lugë çaji Kripë
- 6 thelpinj hudhër
- 1½ inç xhenxhefil me rrënjë të freskët
- 1 lugë gjelle Garam masala
- 1 lugë gjelle koriandër të bluar
- 1 lugë çaji piper i kuq
- 4 ons jogurt i thjeshtë
- 1 lugë gjelle Perime. vaj
- 1 Limon
- 2 speca djegës të gjelbër të nxehtë

Drejtimet

a) Fileto dhe peshku me lëkurë, më pas priteni në kube 11/2 inç. Vendosni rreth 5 copë në çdo hell dhe spërkatni me kripë.

b) Bëni një pastë nga hudhra, xhenxhefili, erëzat dhe kosi dhe përdoreni për të mbuluar peshkun. Lëreni për disa orë dhe më pas piqni në skarë.

c) Hellat mund të spërkaten me pak vaj gjatë zierjes, nëse kërkohet. Zbukuroni me limon të prerë në copa dhe rrathë të imët të specit të gjelbër djegës me fara.

4. Mish viçi në verë në hell

Rendimenti: 4 porcione

Përbërës

- 2 paund Mish viçi i mirë
- 2 qepë të verdha, të qëruara dhe të grira në katër pjesë
- 2 speca jeshil, me fara
- 2 lugë vaj ulliri
- 1 lugë gjelle lëng limoni
- ¼ filxhan Zinfandel
- ½ lugë çaji rigon
- 4 gjethe dafine
- 3 thelpinj hudhre, te shtypura
- Kripë dhe piper për shije

Drejtimet

a) Pritini viçin në kube 1¼ inç. Pritini perimet në katrorë 1 inç.

b) Vendosni të gjithë përbërësit në një enë të madhe inox dhe marinojini për rreth 2 orë, duke i përzier herë pas here.

c) Alternoni perimet dhe mishin në hell. Piqeni në skarë derisa të skuqet lehtë, rreth 15 minuta, duke e rrotulluar një herë gjatë procesit.

5. Kungulleshka te skuqura me piper

Rendimenti: 1 porcion

Përbërës

- 1 spec i kuq i madh, i hequr nga farat dhe i prerë
- 1 piper i madh i verdhë, i hequr nga farat dhe i prerë
- 1 qepë e ëmbël, e prerë në copa
- 2 Kunguj të vegjël, të segmentuar trashë
- 2 lugë vaj ulliri
- 2 thelpinj hudhër, të qëruara dhe të shtypura

Drejtimet

a) I qitni farat dhe i prisni specat në copa, më pas i vendosni në një pjatë me qepën e ëmbël, të prerë në copa dhe kunguj të vegjël të segmentuar trashë.

b) Hidhni vajin e ullirit dhe hudhrën e shtypur dhe më pas përzieni mirë. hidhni përbërësit në hell dhe gatuajini në Barbecue për 10-15 minuta ose më shumë derisa perimet të jenë thjesht të buta.

6. Kopsht në një hell

Rendimenti: 6 porcione

Përbërës

- 1 misër i madh kalli; lëvore Nxjerrë , prerë në copa 2-inç
- 12 kapele të mëdha kërpudhash
- 1 piper i kuq i moderuar ; prerë në copa 1 inç
- 1 kungull i njomë i vogël; të paqëruara, të prera në copa 2 inç
- 12 domate qershi
- ½ filxhan lëng limoni
- 2 lugë verë e bardhë e thatë
- 1 luge vaj ulliri
- 1 lugë çaji Qimnon
- 2 lugë çaji Qiqra të freskët të grirë
- 1 lugë çaji majdanoz i freskët i grirë
- Piper i freskët i bluar; për shije

Drejtimet

a) Përgatitni një skarë të jashtme me një raft të lyer me vaj të vendosur 6 inç mbi burimin e nxehtësisë. Në një skarë me gaz, vendosni nxehtësinë në mesatare . Nëse përdorni hell druri kabob, zhytini 6 prej tyre në ujë të ngrohtë për 15 minuta. Kjo parandalon që hellet të marrin flakë gjatë gatimit.

b) hell perimet në hell. Përziejini të gjithë përbërësit e mbetur për salcën e bastingut.

c) Grijini kabobat e perimeve në skarë për rreth 15 deri në 20 minuta gjithsej, duke i lyer vazhdimisht me salcë, derisa perimet të skuqen pak.

7. Karkaleca me hudhër

Rendimenti: 4 porcione

Përbërës

- 1½ paund karkaleca Jumbo
- ½ filxhan vaj hudhre
- 1 lugë pastë domate
- 2 lugë uthull vere të kuqe
- 2 lugë borzilok të freskët të prerë në kubikë
- Kripë
- Piper i sapo bluar

Drejtimet

a) Karkaleca me guaskë dhe devein. Përziejini së bashku përbërësit e mbetur

b) Përziejini me karkaleca dhe vendoseni në frigorifer për 30 minuta deri në një orë, duke i përzier herë pas here.

c) Hiqni karkalecat, ri- pjestoni marinadën.

d) Hell karkaleca duke e përkulur secilin pothuajse në gjysmë, kështu që fundi i madh pothuajse prek skajin më të vogël, më pas fut një hell pak sipër bishtit në mënyrë që të kalojë dy herë nëpër trup.

e) Grijini në skarë 4-6 inç nga qymyri për 6-8 minuta, ose deri sa të gatuhet, duke e rrotulluar shpesh dhe duke e larë me furçë dy ose tre herë me marinadë të rezervuar.

8. Skelat e hallumit

Rendimenti: 1 porcion

Përbërës

- 250 gram Hallumi i segmentuar në copa të madhësisë së kafshatës
- 500 gram të vogla; patate të reja,
- ; zihet deri sa të zbutet
- Kripë dhe piper
- Vaj ulliri
- Skewers Barbecue
- 45 mililitra vaj ulliri
- 15 mililitra uthull vere e bardhe
- 5 mililitra Lëkurë limoni
- 15 mililitra Ullinj jeshil; i grirë imët
- 5 mililitra koriandër të bluar
- 15 M1 gjethe koriandër të freskët; të grisura
- 1 thelpi hudhër; i grimcuar
- 5 mililitra mustardë integrale
- Kripë dhe piper
- 50 gram sallatë me barishte të freskëta

Drejtimet

a) hell Halloumi dhe patate në mënyrë alternative në hell.

b) Lyejeni pak me vaj dhe spërkatni me kripë dhe piper.

c) Gatuani në skarë derisa qebapët të nxehen.

d) Ndërkohë përzieni të gjithë përbërësit e salcës së bashku në një kavanoz me vidë.

e) Shërbejini qebapët në një shtrat me sallatë me barishte të freskëta dhe hidhini sipër salcës Readied .

9. Qengji japonez me hell

Rendimenti: 8 porcion

Përbërës

- 2 paund qengj pa kocka pa yndyrë
- $\frac{1}{4}$ filxhan salcë soje
- 1 lugë mjaltë
- 2 luge uthull
- 2 lugë Sherry
- 2 thelpinj hudhre
- $\frac{1}{4}$ lugë çaji Xhenxhefil i bluar
- $1\frac{1}{2}$ filxhan Bouillon

Drejtimet

a) Para gatimit: Prisni qengjin në shirita që janë $\frac{1}{8}$ inç të trasha, $\frac{1}{2}$ inç të gjerë dhe 3 inç të gjatë përgjatë kokrrës

b) Përziejini përbërësit e mbetur (duke shtypur hudhrën me një shtypje hudhre), dhe masën e derdhni sipër mishit. Kthejeni mishin që të lyhet mirë dhe lëreni të pushojë pa mbuluar për 1 orë në temperaturën e dhomës - ose të mbuluar gjatë natës në frigorifer. Kthejeni mishin herë pas here në mënyrë që të aromatizohet në mënyrë të barabartë. Thyejeni mishin në hell.

c) Grijini ato në skarë rreth 4 inç nga burimi i nxehtësisë për rreth 2 minuta në secilën anë.

10. Mish i varietetit të zier

Rendimenti: 6 porcione

Përbërës

- 250 gram ëmbëlsira të qengjit
- Uji
- 1 ½ limon
- 500 gram Zemra qengjit
- 2 Veshkat e qengjit
- 1 qepë e vogël; të grira
- 2 limonë (vetëm lëng)
- ½ filxhan vaj ulliri
- 3 gjethe dafine; secila në 3 copë
- 1 lugë çaji rigon i tharë
- 2 lugë majdanoz të prerë në kubikë
- 1 lugë çaji Kripë
- Piper i zi i sapo bluar
- Gërshetat e sallamit

Drejtimet

a) Shpëlajini ëmbëlsirat, vendosini në një tigan dhe mbulojini me ujë. Shtoni lëngun e ½ limoni. Lëreni të vlojë, më pas kullojeni. Vendosni mëlçinë, zemrën dhe veshkat e përgjysmuara në një enë me ujë të ftohtë që të mbulohet dhe shtoni lëngun e 1 limoni.

b) Ziejini për 30 minuta dhe më pas kullojini. Nxirrni lëkurën nga mëlçia dhe shkurtoni tubat më të mëdhenj nga mëlçia dhe zemra; prerë bërthamën yndyrore nga veshkat. Pritini mishin dhe ëmbëlsirat në copa 3 cm (1-$\frac{1}{4}$ inç) dhe vendosini në një enë qelqi ose qeramike.

c) Përzieni shëllirë Përbërësit dhe i hidhni sipër mishrat e gatshëm. Mbulojeni dhe lëreni në frigorifer të marinohet për të paktën 2 orë. Vendosni zorrët e sallamit në ujë të ftohtë dhe lëreni të zhyten gjatë kësaj kohe. mishrat e helleve në mënyrë alternative në 6 hell, duke shtuar 2 copa gjethe dafine në çdo hell mes mishrave.

d) Kullojini zorrët e sallamit dhe mbështillni një shtresë të gjatë rreth mishit në çdo hell, duke i mbështjellë skajet për të mbajtur zorrët në vend.

e) Skuqni ngadalë mbi prush të ndezur, duke rrotulluar shpesh hellet dhe duke larë kokoretsin herë pas here me marinadë. Gatuani për 15 deri në 20 minuta, duke rregulluar lartësinë e rrjetës ose duke lëvizur hellet në një pjesë më të ftohtë të zjarrit në mënyrë që kokoretsi të gatuhet ngadalë. Shërbejeni të nxehtë.

11. Piri piri hell me fiston

Rendimenti: 4 porcione

Përbërës

- 1½ filxhan vaj ulliri
- 4 speca të freskët jalapeno; i copëtuar
- 2 speca të freskët poblano; i copëtuar
- 1 lugë piper i kuq i grimcuar
- 1 lugë çaji Kripë
- 1 lugë çaji piper i zi i freskët i bluar
- 1 lugë hudhër të grirë
- 12 fiston të freskët; pastruar
- 2 gota salsa mango dhe piper i pjekur në skarë
- Degëza të freskëta cilantro

Drejtimet

a) Ngrohni grilën. Përziejini të gjithë përbërësit përveç hudhrës në një tenxhere në zjarr të fortë. Gatuani duke e trazuar, për 4 minuta. Hidhni hudhrën dhe hiqeni nga zjarri.

b) Ftoheni përzierjen. Hidheni përzierjen në një procesor ushqimi. Pureeni përzierjen derisa të jetë homogjene. Lëreni salcën në frigorifer për 7 ditë. Vendosni 4 fiston në çdo hell.

c) Marinojini hellet në Piri Piri për 1 orë. Vendosni helltarët në një skarë të nxehtë dhe gatuajeni për 3 deri në 4 minuta nga secila anë. Spërkatni hellet me salcë, herë pas here.

d) Mblidhni salsën në mes të pjatës. Vendosni skelat direkt mbi salsa. Dekoroni me degëza të freskëta cilantro.

12. Kërpudha portabella dhe speca

Rendimenti: 9 meze

Përbërës

- 2 kërpudha portabella të mëdha (1/4 £ në total).
- 1 luge vaj ulliri
- 1 thelpi hudhër, e segmentuar
- 1 piper i ëmbël jeshil i moderuar
- 1 piper i kuq i ëmbël i moderuar
- 1 piper i verdhe i embel i moderuar
- ¼ lugë çaji kripë
- 16 degë rozmarinë të freskët 4 inç
- 1 luge uthull balsamike

Drejtimet

a) Hiqni dhe hidhni rrjedhjet e kërpudhave. Shpëlajini kërpudhat shumë ngadalë, duke u kujdesur që të hiqni çdo papastërti nga gushat; kullojini mirë në peshqir letre. Pritini çdo kërpudha në tetë katrorë ¼ deri në 1 inç.

b) Në një tigan të madh, ngrohni 1½ t vaj ulliri. Shtoni copat e kërpudhave dhe hudhrën. Gatuani, duke e rrotulluar herë pas here me shpatull, derisa të zbuten dhe të skuqen lehtë për rreth 6 deri në 8 minuta.

c) Ndërkohë përgjysmojmë specat; Hiqni dhe hidhni kërcellet, farat dhe brinjët. Pritini gjashtëmbëdhjetë pjesë 1 inç katror nga çdo spec. Mbështilleni dhe ftohni pjesën e mbetur të specave për një përdorim tjetër.

d) Me shpatull me vrima, zhvendosni copat e kërpudhave nga tigani në pjatë që të ftohen pak; hidhni hudhrën.

e) Shtoni vajin e mbetur të ullirit dhe copat e piperit në tigan. Skuqini specat deri sa të skuqen lehtë - rreth 5 minuta. Trans për copa piper në pjatë me kërpudha. spërkatni kërpudhat dhe specat me kripë.

f) Me thikë, grijini gjethet nga fundi 1 $\frac{1}{2}$ inç degë rozmarine. Me testuesin e kekut ose kruese dhëmbësh, hapni një vrimë në mes të secilës pjesë të kërpudhave dhe piperit. hidhni një copë spec të çdo ngjyre dhe një copë kërpudha në secilën degë rozmarine. Rregullojini në tepsi me buzë.

g) Pak përpara porcionit, ngrohni skarën në 375'F. Piqni hellet për 10 minuta ose më shumë derisa të nxehen. Për ta servirur, rregulloni në pjatë të porcionit dhe spërkatni me uthull.

13. Helle me patate te kuqe

Rendimenti: 6 porcione

Përbërës

- 2 kilogramë patate të kuqe
- ½ filxhan Ujë
- ½ filxhan majonezë
- ¼ filxhan lëng pule
- 2 lugë çaji Rigon i tharë
- ½ lugë çaji pluhur hudhër
- ½ lugë çaji pluhur qepë

Drejtimet

a) Vendosini patatet në një vend të pa yndyrë për mikrovalë 2 Qt. gjellë. Mbulojeni dhe vendoseni në mikrovalë për 12-14 minuta, duke e përzier një herë dhe më pas kulloni.

b) Përziejini përbërësit e mbetur në një pjatë; shtoni patate. Mbulojeni dhe vendoseni në frigorifer për 1 orë. Kullojeni, ripjesoni marinadën. patate me hell në metal, ose skewers bambu të njomur me ujë. Grijini në skarë, të pambuluar, mbi nxehtësi mesatare për 4 minuta, kthejeni, lyeni me marinadë të rezervuar dhe piqeni në skarë për 4 minuta të tjera.

14. Fiston me hell

Rendimenti: 1 porcion

Përbërës

- 1 paund Fiston
- 12 kërpudha
- 12 domate qershi
- 2 kungulleshka te vogla, te prera ne te tretat
- ⅓ filxhan Gjalpë i shkrirë
- 1 lugë çaji salcë Worcestershire
- 2 lugë çaji lëng limoni të freskët
- ⅛ lugë çaji Piper
- 1 lugë gjelle salcë soje
- 1 lugë e prerë në kubikë majdanoz
- 3 gota oriz të zier të nxehtë

Drejtimet

a) Alternoni fiston, kërpudha dhe domate në 6 hell; shtoni një copë kungull i njomë në fund të çdo kabob. Përziejini përbërësit e mbetur; furçë mbi kabobs. Grill 3" nga thëngjilli, duke e lyer me salcë derisa të mbarojë. Ose skarë në skarë, duke e rrotulluar një herë. Shërbehet në shtretër të nxehtë me oriz.

15. Tofu me hell në marinadë portokalli

Rendimenti: 4 porcione

Përbërës

- 1 kile tofu i fortë, i kulluar
- 16 kërpudha të moderuara Shiitake
- 1 rrepkë e madhe Daikon
- 1 secili Head bok choy
- ½ filxhan salcë soje
- ½ filxhan lëng portokalli
- 2 lugë uthull orizi
- 2 lugë vaj kikiriku
- 1 lugë gjelle vaj susami i errët
- 2 lugë xhenxhefil të freskët, të grirë
- ¼ lugë çaji djegës i nxehtë, i grirë

Drejtimet

a) Përziejini të gjithë përbërësit e shëllirë dhe rrihni që të emulsohen.

b) Ndani tortën tofu në gjysmë dhe marinoni në temperaturën e dhomës për 1 orë ose më gjatë në frigorifer. Kthehuni shpesh.

c) Lani dhe prisni kërpudhat. Pastroni dhe prisni daikon dhe ndajeni në copa të trasha 1". Ndani gjethet bok choy, shpëlajini dhe thajini.

d) Le menjane. Segmentoni kërcellet e bardha në copa 1" të trasha. Marinojini kërpudhat, daikon dhe kërcellet bok choy për 15 minuta. Segmentoni tofu në kube 1".

e) Lyejeni gjethet bok choy me marinadë. Për të hellosur gjethet, mbivendosni anët e secilës gjethe në drejtim të mesit dhe rrotulloni gjethen, duke filluar nga lart. hidhni paketën e gjetheve në hell druri në mënyrë alternative me kërpudhat, tofu, daikon dhe kërcellin bok choy.

f) Në një skarë të mbyllur, grijini hellet për 12 deri në 15 minuta, duke i rrotulluar për të gatuar nga të gjitha anët.

16. Hell pule të stilit jukatan

Rendimenti: 4 porcione

Përbërës

- 9 pa lëkurë dhe pa kocka: kofshët e pulës
- 1 c Marinadë Jukatan
- 1 jicama
- 36 hell 6 inç
- 2 c Papaja Tomatillo Salsa

Drejtimet

a) Fërkoni shëllirë në kofshët e pulës. Mbulojeni pulën dhe vendoseni në frigorifer për 4 deri në 6 orë ose gjatë gjithë natës. Përgatitni një zjarr me dru ose qymyr dhe lëreni të digjet deri në prush.

b) hidhni secilën pjesë të pulës në 2 hell në mënyrë që mishi të qëndrojë i sheshtë në skarë. Piqeni në skarë për rreth 4 minuta nga secila anë ose deri sa të bëhet sipas shijes

c) Shërbejeni me Papaya Tomatillo Salsa.

17. Shirita viçi teriyaki

Përbërësit
- Grill në Londër - Segmentuar në shirita të hollë sikur po bëni gërryerje
- 1 shishe salcë teriyaki

Drejtimet
a) Marinojini shiritat e viçit në salcën teriyaki për të paktën 1 orë ose deri në 24 orë në një qese të madhe Ziploc.
b) Kur të jeni gati për të ngrënë, ndezni skarën dhe lërini shiritat të gatuhen derisa të mbarojnë - rreth 5 deri në 10 minuta ose më shumë.
c) Ju mund të përdorni një shportë për skarë ose hell mishin tuaj në hell bambu para se të shëllirë ato.

18. Fire kabob

Përbërës

- 4 kanaçe copa ananasi
- 2 kanaçe supë me domate të kondensuar
- 1/2 filxhan vaj ulliri
- 2 lugë spec djegës pluhur
- 2 paund. bolonjë, mbivendosje ped në lagje
- 2 speca jeshil të prerë në katrorë 1 inç
- 1 pako simite Frankfurteri, te ndare
- 8 hell druri të mëdhenj

Drejtimet

a) Kullojeni ananasin. Rezervoni 1/2 filxhan lëng
b) Në një tenxhere të moderuar , përzieni supën, lëngun e rezervuar të ananasit, vajin e ullirit dhe pluhurin djegës.
c) Ngroheni, duke e trazuar herë pas here
d) Në skewers, rregulloni në mënyrë alternative bolonjën, piperin jeshil dhe ananasin. Grini 4 inç mbi qymyr.
e) Lyejeni me salcë. Gatuani 8 minuta ose më shumë derisa të nxehet, duke e larë shpesh me salcë. Shërbejeni në simite me salcën e mbetur.

19. Hell pule të stilit grek

Përbërës
- 4 gjoks pule pa kocka dhe pa lëkurë, të prera në copa
- 2 lugë (30 ml) vaj ulliri
- 2 lugë gjelle (30 ml) lëng limoni
- 2 lugë çaji (10 ml) rigon të tharë
- 1 lugë çaji (5 ml) lëvore limoni të grirë imët
- 3/4 lugë çaji (4 ml) çdo kripë dhe piper
- 1/2 lugë çaji (2 ml) paprika e bluar
- 6 thelpinj hudhre, te grira
- Salcë Tzatziki

Drejtimet

a) Rrahim vajin me lëngun e limonit, rigonin, lëkurën e limonit, kripën, piperin, specin dhe hudhrën në një enë të madhe. Shtoni mishin e pulës dhe përzieni që të lyhet. hidheni pulën në hell druri 8 inç (20 cm).

b) Ndizni grilën. Zgjidhni programin dhe shtypni. Lyejmë lehtë pjatat e gatimit me llak gatimi. Pasi drita treguese e purpurt të ketë pushuar së pulsuari, vendosni helltarët në skarë dhe mbyllni kapakun.

c) Gatuani, në grupe, derisa drita treguese të ketë ndryshuar në të kuqe. Shërbejini hellet e pulës me salcë Tzatziki anash.

20. Kebab teriyaki me biftek dhe kërpudha

Përbërës

- 1 paund (500 g) biftek pa kocka sipas zgjedhjes suaj
- 12 kërpudha të vogla të plota, kërcelli Të hequra
- 1/2 piper i kuq, i prerë në copa
- 1/2 qepë e kuqe e vogël, e prerë në copa
- 1/3 filxhan (75 ml) mjaltë
- 1/4 filxhan (50 ml) salcë soje me reduktim të natriumit
- 2 lugë gjelle (30 ml) uthull vere orizi
- 6 thelpinj hudhre, te grira
- 2 lugë çaji (10 ml) miell misri
- I dashur

Drejtimet

a) Rrihni mjaltin me salcën e sojës, uthullën dhe hudhrën në një pjatë të madhe; Kaloni gjysmën në një pjatë të sigurt për mikrovalë dhe lëreni mënjanë. Përzieni biftekin, kërpudhat, piperin e kuq dhe qepën me masën e mbetur të mjaltit derisa të mbulohen në mënyrë të barabartë.

b) alternative biftekin dhe perimet në katër hell druri 12 inç (30 cm).

c) Ndizni grilën. Zgjidhni programin dhe shtypni. Lyejmë lehtë pjatat e gatimit me llak gatimi. Pasi drita treguese e purpurt të ketë pushuar së pulsuari, vendosni qebapët në skarë dhe mbyllni kapakun.

d) Gatuani për 6 deri në 8 minuta ose më shumë derisa perimet të zbuten dhe viçi të gatuhet në nivelin e dëshiruar.

e) Ndërkohë, rrihni miellin e misrit në përzierjen e rezervuar të mjaltit. Në mikrovalë, në temperaturë të lartë, duke e trazuar një herë, për 60 sekonda ose më shumë derisa të jetë e trashë dhe me shkëlqim; lyeni në mënyrë të barabartë mbi qebapët pak para porcionit .

21. Hell viçi me mëlçi me pancete

BEN 4 porcione

Përbërësi:

- 1 kile mëlçia e viçit
- Pancete me 16 segmente te holla
- 16 gjethe të vogla sherebele
- 8 qepë të vogla Cipollini, të qëruara
- 4 hell bambuje ose metali
- 2 luge vaj ulliri
- ¾ lugë çaji kripë kosher
- ¾ lugë çaji piper i zi i bluar
- 1 filxhan Madeira ose Marsala e thatë
- 2 luge uthull balsamike
- ¾ filxhan konserva pjeshke
- 3 lugë gjalpë të ftohtë pa kripë, të prerë në copa

Drejtimet

a) Nëse jeni duke pjekur në skarë me hell bambuje, futini në ujë për të paktën 30 minuta.

b) Nëse mëlçia ka ende membranën e saj të jashtme të hollë, hiqeni atë. Prisni mëlçinë në copa rreth 1 me 2 inç, duke hequr dhe hedhur çdo venë. Mbështilleni secilën pjesë të mëlçisë në një segment pancete, duke e mbështjellë një gjethe të vogël sherebele ndërsa mbështillni. shtrydhni copat e mëlçisë dhe cipolini në mënyrë alternative në hell , hidheni cipolinën përmes skajeve në mënyrë që anët të qëndrojnë në skarë.

c) Lyejeni të gjithë me vaj dhe spërkatni me ½ lugë çaji kripë dhe piper. Lëreni të pushojë derisa grila të jetë gati.

d) Ndizni një skarë për nxehtësi të moderuar të drejtpërdrejtë , rreth 375¼F.

e) Ndërsa grila nxehet, derdhni Madeira dhe balsamikun në një tenxhere të vogël dhe lërini të ziejnë në zjarr të fortë.

Ziejeni derisa lëngu të pakësohet përgjysmë, 5 deri në 8 minuta.

f) Ulni nxehtësinë në të ulët, përzieni konservat dhe ziejini për 1 minutë. Rrihni gjalpin dhe rregulloni me $\frac{1}{4}$ lugë çaji të mbetur kripë dhe pak më shumë piper. Mbani ngrohtë.

g) Lyejeni grilin me furçë dhe lyejeni me vaj. Skuqni hellet direkt mbi nxehtësinë derisa qepët të zbuten dhe mëlçia të jetë skuqur mirë, por ende rozë brenda, rreth 4 deri në 5 minuta për anë. Shërbejeni me salcën.

22. Hell Mahi-mahi me gjalpë deti

BEN 4 porcione

Përbërësi:
- 4 hell bambuje ose metali
- ¾ filxhan vaj ulliri
- 1 lugë gjelle vaj susami i thekur Lëkurë dhe lëng limoni
- 1 lugë majdanoz i freskët i prerë në kubikë
- ¾ lugë çaji kripë e trashë
- ¾ lugë çaji piper i zi i bluar
- 2 kilogramë bifteke mahi-mahi pa lëkurë ose fileto të trasha, të prera në kube 1 inç
- 1 limon, i prerë në 8 copa
- 16 domate qershi ose rrush
- 6 shirita proshutë, mundësisht të tymosur me dru molle, të prera në gjatësi 3 inç
- ¾ filxhan gjalpë ushqim deti

Drejtimet
a) Përzieni vajin e ullirit, vajin e susamit, lëkurën e limonit, lëngun e limonit, majdanozin, kripën dhe piperin e zi në një qese 1 gallon me zinxhir. Shtoni mahi-mahi, shtypni ajrin dhe mbyllni qesen. Lëreni në frigorifer deri në 12 orë.

b) Nëse jeni duke pjekur në skarë me hell bambuje, futini në ujë për të paktën 30 minuta.

c) Ndizni një skarë për nxehtësi të moderuar të drejtpërdrejtë , rreth 400¼F. shtrojini pykat e limonit, domatet dhe kubikët mahi-mahi në mënyrë alternative në hell, duke përdorur rreth 2 copë nga secila për një hell.

d) Për mahi-mahi, mbështillni çdo kub nga tre anët me një copë proshutë dhe hidheni në skajet e proshutës për ta siguruar atë. Lëreni mënjanë pak nga gjalpi i ushqimeve të detit për porcion dhe lyeni hellet me pjesën tjetër.

e) Lyejeni grilin me furçë dhe lyejeni me vaj. Skuqni hellet direkt mbi nxehtësinë derisa peshku të duket i errët në sipërfaqe, por është ende i zier dhe i lagësht në mes ($130\frac{1}{4}$F në një termometër që lexohet në çast).
f) Spërkateni me gjalpin e rezervuar të ushqimeve të detit dhe shërbejeni me copat e limonit të pjekur në skarë për shtrydhje.

23. Bisht karavidhe me fruta tropikale të pjekur në skarë

BEN 4 porcione

Përbërësi:
- 4 hell bambuje ose metali
- ¾ ananas i artë, i qëruar, i prerë në copa 1 inç
- 2 banane, të qëruara dhe të prera në mënyrë tërthore në tetë pjesë 1 inç
- 1 mango, e qëruar, e hequr dhe e prerë në kube 1 inç
- 4 karavidhe guri ose bishta të mëdhenj karavidhesh në Maine (8 deri në 10 ons secili), të shkrirë nëse ngrihen
- ¾ filxhan Glaze soje e ëmbël
- filxhan gjalpë, i shkrirë
- 4 pyka gëlqereje

Drejtimet
a) Nëse jeni duke pjekur në skarë me hell bambuje, futini në ujë për të paktën 30 minuta. Ndizni një skarë për nxehtësi të moderuar të drejtpërdrejtë, rreth 350¼F.
b) Hidhni në mënyrë alternative pjesët e ananasit, bananes dhe mangos në hell, duke përdorur rreth 2 copë nga çdo frut për një hell.
c) Fluturoni bishtat e karavidheve duke e ndarë çdo bisht për së gjati përmes guaskës së sipërme të rrumbullakosur dhe përmes mishit, duke e lënë të paprekur guaskën e poshtme të sheshtë. Nëse guaska është shumë e fortë, përdorni gërshërët e kuzhinës për të prerë guaskën e rrumbullakosur dhe një thikë për të prerë mishin.
d) Hapni butësisht bishtin për të ekspozuar mishin.
e) Lyejeni glazurën e sojës lehtë mbi hellet e frutave dhe mishin e karavidheve. Lyejeni grilin me furçë dhe lyejeni me vaj. Vendosni bishtat e karavidheve, nga ana e mishit poshtë, direkt mbi nxehtësi dhe piqini në skarë derisa të shënohen mirë në skarë, 3 deri në 4 minuta. Shtypni bishtat mbi grilën

me një shpatull ose mashë për të ndihmuar në skuqjen e mishit. Rrotulloni dhe piqeni në skarë derisa mishi të jetë thjesht i fortë dhe i bardhë, duke e lyer me glazurën e sojës, 5 deri në 7 minuta më shumë.

f) Ndërkohë grijini hellet e frutave në skarë së bashku me karavidhe derisa të shënohen mirë në skarë, rreth 3 deri në 4 minuta për çdo anë.

g) Shërbejeni me gjalpin e shkrirë dhe copat e gëlqeres për shtrydhje.

24. Qebap derri tropikal

Shërben: 8

Përbërës
- 8 hell druri ose metali
- 2 paund mish derri, të prerë në copa 1 inç
- 2 speca të mëdhenj zile të kuqe, të grimcuara, të pastruara dhe të prera në 8 pjesë secila
- 1 spec jeshil i madh, i grimcuar, i pastruar dhe i prerë në 8 pjesë
- 1/2 ananas i freskët, i prerë në 4 segmente më pas në copa 1/4-inç
- 1/2 filxhan mjaltë
- 1/2 filxhan lëng limoni
- 2 lugë çaji lëvore gëlqereje të grirë
- 3 thelpinj hudhre, te grira
- 1/4 filxhan mustardë të verdhë
- 1 lugë çaji kripë
- 1/4 lugë çaji piper i zi

Drejtimet
a) Nëse përdorni hell druri, futini në ujë për 15 deri në 20 minuta. Alternoni çdo hell me copa derri, 2 copa piper të kuq, 1 copë piper jeshil dhe 2 copa ananasi.
b) Në një enë pjekjeje 9" x 13" përzieni mjaltin, lëngun e limonit, lëvozhgën e grirë të gëlqeres, hudhrën, mustardën e verdhë, kripën dhe piperin e zi; përzieni mirë. Vendosni qebapët në enë për pjekje dhe rrotullojini që të lyhen me marinadë. Mbulojeni dhe vendoseni në frigorifer për të paktën 4 orë ose gjatë natës, duke e rrotulluar herë pas here.
c) Ngroheni skarën në nxehtësi mesatare - të lartë. Pastroni qebapët me marinadë; hidhni marinadën e tepërt. Piqni qebapët në skarë 7 deri në 9 minuta, ose deri sa mishi i derrit

të mos jetë më rozë, duke i rrotulluar shpesh për të gatuar nga të gjitha anët.

25. Pulë aziatike me hell

Shërben: 4

Përbërës
- 6 deri në 8 hell druri ose metali
- 1/4 filxhan salcë soje
- 3 lugë verë të bardhë të thatë
- 3 lugë lëng limoni
- 2 lugë vaj vegjetal
- 1/2 lugë çaji xhenxhefil të bluar
- 1/2 lugë çaji pluhur hudhër
- 1/4 lugë çaji pluhur qepë
- Piper piper
- 6 gjysma gjoksi pule pa kocka, pa lëkurë (rreth 1-1/2 paund), të prera në 1-1/2 copa

Drejtimet

a) Ngroheni skarën në nxehtësi mesatare - të lartë. Nëse përdorni hell druri, futini në ujë për 15 deri në 20 minuta.

b) Në një pjatë të moderuar, përzieni të gjithë Përbërësit kryesorë përveç pulës (dhe helleve) dhe përzieni mirë. Shtoni copat e pulës, mbulojeni dhe marinojini për 20 deri në 30 minuta në frigorifer.

c) Ndani pulën në 6 deri në 8 sasi të barabarta dhe vendosni copa në hell. Piqeni në skarë 5 deri në 7 minuta, ose deri sa pula të jetë gatuar dhe të mos mbetet ngjyrë rozë, duke e rrotulluar pulën në gjysmë të rrugës së pjekjes.

26. Pirg pule në Barbekju

Shërben: 4

Përbërës
- 8 ons (1/2 e një qese 16 ons) salle lakër të grirë
- 1 (8 ons) kanaçe me ananasi, të kulluara
- 1/2 filxhan salcë sallate me lakër
- 1 filxhan salcë Barbecue
- 1/2 lugë çaji salcë piper djegës
- 1/2 lugë çaji kripë
- 4 gjoks pule pa kocka dhe pa lëkurë
- 4 simite hamburgeri

Drejtimet
a) Në një pjatë të madhe, përzieni sallat me lakër, ananasin dhe salcën; përziejmë mirë dhe e lëmë mënjanë.
b) Në një pjatë të moderuar , përzieni salcën e Barbecue dhe salcën e nxehtë. Spërkatni në mënyrë të barabartë të dy anët e pulës me kripë dhe më pas lyeni me përzierjen e salcës.
c) Grijini gjokset e pulës në skarë 10 deri në 13 minuta, ose derisa të mos mbetet asnjë ngjyrë rozë dhe lëngjet të jenë të qarta, duke i rrotulluar shpesh dhe, për 5 minutat e para, duke i lyer çdo herë me salcë Barbecue.
d) Vendoseni pulën në simite, sipër me salcë lakër dhe shërbejeni.

27. Kaboba me sallam ngjitës të ëmbël

Shërben 12

Përbërës
- hell me aromë
- 4 lugë mjaltë
- 1 lugë gjelle mustardë mjaltë 1 lugë çaji salcë soje
- 1 lugë gjelle Tree Little Pig's All Purpose BBQ Rub
- 24 salsiçe të ëmbla italiane
- 8 qepe të mëdha, të qëruara dhe të përgjysmuara për së gjati
- 1 spec i kuq zile, i prerë në copa 1 inç 1 kungull i njomë, i prerë në rrathë 1/2 inç
- 1 karotë e madhe, e qëruar dhe e segmentuar në rrathë të trashë 1/4 inç

Drejtimet
a) Ngrohni skarën për nxehtësi mesatare - të lartë. Thithni tetë hell druri në ujë për të parandaluar djegien kur piqen në skarë.

b) Përzieni mjaltin, mustardën, salcën e sojës dhe BBQ për të gjitha qëllimet në një pjatë të madhe. Shtoni salsiçen, qepujt, specin e kuq, kungull i njomë dhe karotat në pjatën e madhe dhe përziejini plotësisht për t'u lyer. suxhuk për hell, qepe, piper të kuq, kunguj të njomë dhe karrota në hell.

c) Gatuani hellat në skarë të gatshme derisa sallami të marrë ngjyrë kafe dhe perimet të zbuten

28. Tortila me sallam dhe mustardë të pjekur në skarë

Përbërës
- 1 paund sallam i nxehtë ose i ëmbël italian ose chorizo spanjoll
- 1 c Verë e kuqe e përzemërt
- 9 tortilla me miell 8 inç ose misër 6 inç
- Mustardë mjaltë

Drejtimet
a) Vendoseni sallamin në një shtresë të vetme në një tigan 9 inç. Hidh verë mbi sallam. Lëreni të vlojë. Ulni nxehtësinë, mbulojeni pjesërisht dhe ziejini derisa salçiçet të jenë gatuar, duke rrotulluar shpesh, rreth 12 minuta. Nxirreni sallamin nga tigani dhe ftoheni pak. Hidhni lëngun.
b) Barbecue gati (nxehtësi e moderuar - e lartë). Pritini salsiçet në segmente 1/2 inç. segmente hell në hell të gjatë metalik, duke përdorur 3 deri në 4 hell. Pritini tortillat në katërsh dhe mbështillini me fletë metalike. Vendosni tortillat në anën e skarës që të ngrohen. Skuqni sallamin derisa të nxehet dhe të skuqet nga të gjitha anët, rreth 5 minuta. Nxirreni sallamin nga hellet dhe vendoseni në pjatën e porcionit . Shërbejeni salsiçen me tortilla dhe mustardë.

29. Biftek piper në një shkop

Përbërës

- 1½ deri në 2 paund biftek fundi, i prerë
- 1 lugë gjelle mustardë e thatë
- ½ filxhan uthull vere të kuqe
- 1 lugë çaji kripë
- ½ filxhan lëng rrushi të bardhë ose molle
- 1 filxhan vaj ulliri
- ¼ filxhan qepë, të prerë hollë
- qepë të vogla dhe të moderuara
- 1 lugë gjelle sherebelë të thatë të fërkuar
- 2 speca zile, të grira në katër pjesë
- 1 lugë gjelle piper i zi i sapo bluar
- 6 hell të gjatë metali ose druri
- 1 lugë gjelle koriandër të bluar

Drejtimet

a) Ngrohni skarën në nxehtësi mesatare. Në një enë qelqi, vendosni biftekun. Në një enë tjetër përziejmë uthullën e verës, lëngun, qepën e prerë në kubikë, sherebelën, piperin, koriandrin, mustardën e thatë, kripën dhe vajin e ullirit.

b) Hidhni mbi biftek dhe kthejeni të lyhet me marinadë. Mbani mbrapa ½ filxhan shëllirë për ta lyer biftek gjatë gatimit. Mbulojeni, vendoseni në frigorifer (ose gjoks akulli) dhe marinojini të paktën 1 orë.

c) Hiqeni biftekin nga marinada, prerë në 6 pjesë. Hidhni shëllirë, përveç ½ filxhan që keni mbajtur prapa. Nëse jeni duke përdorur hell druri, zhyteni në ujë për rreth 15 minuta para përdorimit. hidhni mishin në hell të gjata, duke endur mishin rreth qepëve të llambave dhe specave të prerë në katër pjesë.

d) Grijini 12 deri në 15 minuta, duke e rrotulluar për të gatuar nga të gjitha anët. Lyejeni mishin me shëllirë të rezervuar ndërsa gatuhet. Bën 6 porcione.

30. Pule Ramjam

Përbërës

- 1/4 filxhan salcë soje 1 lugë çaji rrënjë xhenxhefili i freskët i grirë
- 3 lugë verë e bardhë e thatë 1 thelpi hudhër, e shtypur
- 2 luge gjelle leng limoni 1/4 luge kafeje pluhur qepe
- 2 lugë vaj vegjetal 1 majë piper të zi të bluar
- 3/4 lugë çaji erëza të thata të stilit italian 8 gjysma gjoksi pule pa lëkurë dhe pa kocka - të prera në rripa

Drejtimet

a) Në një qese plastike të madhe e të rimbyllshme, përzieni salcën e sojës, verën, lëngun e limonit, vajin, erëzat e stilit italian, xhenxhefilin, hudhrën, pluhurin e qepës dhe piperin e zi të bluar. Vendoseni pulën në qese.

b) Mbyllni dhe lëreni të marinohen në frigorifer ose në frigorifer për të paktën 3 orë ose gjatë natës... sa më gjatë, aq më mirë! Sa më gjatë ta lini të marinohet, aq më intensive është shija.

c) Ngrohni një skarë në natyrë për nxehtësi mesatare dhe të lartë dhe grijeni lehtë me vaj. hidheni pulën në hell dhe lëreni mënjanë. Hidhni shëllirë në një tenxhere të vogël dhe lëreni të ziejë në zjarr të lartë.

d) Gatuani pulën në skarë të gatshme për afërsisht 5 minuta nga njëra anë, duke e përzier me salcën disa herë. Pulë gatuhet kur nuk është më rozë dhe lëngjet janë të qarta.

31. Shish qebap

Përbërës

- 1 lb Mish, i prerë në kubikë
- 2 qepë, të prera në katër pjesë
- 1 kanaçe copa ananasi 1 speca jeshil, te segmentuar
- 1/2 lb Kërpudha, kripë e plotë
- 10 domate qershi piper

Drejtimet

a) Alternoni copa perimesh dhe mishi në një hell
b) Nëse nuk keni hell, ato mund të bëhen nga degë druri jeshile rreth 1/4 - 1/3" të trasha, tela nga një varëse rrobash (me bojë të hequr) ose një gjatësi teli (formoni sythe në skajet kur ushqimi është në vend për trajtim të lehtë).
c) Lyejeni me salcë BBQ, salcë sallatë italiane ose gjalpë me aromë nëse dëshironi. Gatuani mbi qymyr të nxehtë derisa të jetë gati, rreth 15 deri në 20 minuta në varësi të llojit të mishit të përdorur.

32. Fajita bifteku

Përbërës

- 4 lugë gjelle. vaj ulliri ekstra i virgjër 1 £ fund ose biftek
- 1 lugë çaji. qimnon i bluar 2 speca, të prera në 2-inç. copa
- 1 lugë çaji. djegës pluhur 1 qepë e kuqe, e prerë në copa
- 4 thelpinj hudhre, tortilla me miell te grira
- Lëng nga një gëlqere

Drejtimet

a) Në shtëpi: Përzieni vaj ulliri, qimnon, pluhur djegës, hudhër, lëng lime, kripë dhe piper. Përdoreni këtë për të marinuar biftekun dhe perimet veç e veç në qese plastike të mbyllura. Qetë. (Ju mund të dëshironi të ngrini biftek dhe ta paketoni të ngrirë).

b) Shkrini biftekun, nëse është e nevojshme. Skara me ngrohje

c) hidhni mishin, specat dhe qepët në hell, duke alternuar ndërsa shkoni. Grijini hellat në skarë, duke i rrotulluar shpesh, për 5 deri në 8 minuta.

33. Kabob bifteku Teriyaki

Përbërës
- 2 paund. biftek sirfile, i prerë në kube 1 inç
- 16 kërpudha të vogla
- 16 domate qershi
- 1 piper i kuq
- 1 piper jeshil
- 1 qepë e madhe e kuqe, e prerë në copa 1 inç
- Marinadë Teriyaki
- 8 hell druri ose bambu

Drejtimet

a) Vendosni kube bifteku në gjysmën e marinadës, mbulojeni dhe vendoseni në frigorifer për 30-60 minuta. Thithni në ujë skelat prej druri ose bambuje. Ngrohni skarën në mënyrë që shkëmbinjtë e djegur të jenë të nxehtë ose qymyri të jetë gati.

b) hell marinuar mish dhe perime alternuar në dy hell paralele (për të mbajtur copat në vend kur qebapët janë kthyer). Lë pak hapësirë midis artikujve për të lejuar gatimin e plotë

c) Lyejeni ose lyeni qebapët e mbledhur me marinadën e mbetur dhe më pas vendosini në skarë. Vendosni një rrip letre alumini nën skajet e ekspozuara të hellit për të parandaluar djegien.

d) Zjarrni në skarë të hapur 4-5 minuta për anë, më pas shërbejeni me garniturat.

34. Karkaleca borziloku

Përbërës

- 2 1/2 lugë vaj ulliri 3 thelpinj hudhër, të grira
- 1/4 filxhan gjalpë, kripë e shkrirë për shije
- 1 1/2 limon, me lëng 1 majë piper të bardhë
- 3 luge gjelle mustarde te trashe me kokrra te trasha 3 kile karkaleca te fresketa, te qeruara dhe te deveuara
- 4 oce borzilok të freskët të grirë

Drejtimet

a) Në një enë ose enë të cekët, jo poroze, përzieni së bashku vajin e ullirit dhe gjalpin e shkrirë. Më pas përzieni lëngun e limonit, mustardën, borzilokun dhe hudhrën dhe i rregulloni me kripë dhe piper të bardhë. Shtoni karkalecat dhe përziejini që të lyhen.

b) Mbulojeni dhe vendoseni në frigorifer ose në frigorifer për 1 orë. Ngrohni skarën në nxehtësi të lartë.

c) Hiqni karkalecat nga marinada dhe hidhini në hell. Lyejeni pak me vaj dhe rregulloni hellet në skarë. Gatuani për 4 minuta, duke e rrotulluar një herë, deri sa të jetë gati.

35. Seitan i pjekur në skarë dhe kaboba me perime

Bën 4 porcione

Përbërës
- $1/3$ filxhan uthull balsamike
- 2 luge vaj ulliri
- 1 lugë gjelle rigon i freskët i grirë
- 2 thelpinj hudhre, te grira
- $1/2$ lugë çaji kripë
- $1/4$ lugë çaji piper i zi i sapo bluar
- Seitan 1 kile
- 7 ons kërpudha të vogla të bardha, të shpëlarë lehtë
- 2 kunguj të njomë të vegjël, të prerë në copa 1 inç
- 1 spec zile të verdhë të moderuar, të prerë në katrorë 1 inç
- domate qershi te pjekura

Drejtimet
a) Në një pjatë të moderuar përzieni uthullën, vajin, rigonin, trumzën, hudhrën, kripën dhe piperin e zi. Shtoni seitanin, kërpudhat, kungull i njomë, specin zile dhe domatet, duke i rrotulluar për t'u lyer.
b) Marinojini në temperaturën e dhomës për 30 minuta, duke e rrotulluar herë pas here. Kulloni seitanin dhe perimet, ri - pjestoni marinadën.
c) Ngrohni grilën.
d) Skuqeni seitanin, kërpudhat dhe domatet në hell.
e) Vendosni hellet në skarë të nxehtë dhe gatuajeni, duke rrotulluar kabopat një herë në gjysmë të skarës, gjithsej rreth 10 minuta. spërkateni me një sasi të vogël të shëllirës së rezervuar dhe shërbejeni menjëherë.

36. Hell perimesh të pjekura në skarë me salcë lecke

Bën 4 porcione

Përbërës
- 1/2 filxhan kafe të zezë të fortë
- 1/4 filxhan salcë soje
- 1/2 filxhan ketchup
- 2 luge vaj ulliri
- 1 lugë çaji salcë e nxehtë
- 1 lugë çaji sheqer
- 1/4 lugë çaji kripë
- 1/4 lugë çaji piper i zi i sapo bluar
- 1 piper zile e madhe e kuqe ose e verdhë, e prerë në copa 1 1/2 inç
- 2 kunguj të njomë të vegjël, të prerë në copa 1 inç
- 8 ons kërpudha të vogla të bardha të freskëta, të shpëlarë lehtë dhe të thara
- 6 qepe të moderuara, të përgjysmuara për së gjati
- 12 domate qershi te pjekura

Drejtimet

a) Në një tenxhere të vogël përziejmë kafenë, salcën e sojës, keçapin, vajin, salcën djegëse, sheqerin, kripën dhe piperin e zi. Ziejini për 20 minuta dhe më pas mbajeni të ngrohtë në zjarr shumë të ulët.

b) Hidhni specin zile, kungull i njomë, kërpudhat, qepujt dhe domatet qershi në hell dhe renditini në një enë pjekjeje të cekët. Hidhni rreth gjysmën e salcës së leckës mbi perimet e grira dhe marinojini në temperaturën e dhomës për 20 minuta. Ngrohni grilën.

c) Nxirrni perimet me hell nga tigani, ri - pjestoni marinadën. Vendosni skelat në skarë direkt mbi burimin e nxehtësisë.

d) Piqini në skarë derisa perimet të skuqen dhe të zbuten, duke i rrotulluar një herë në gjysmë, gjithsej rreth 10 minuta. Kaloni në një pjatë dhe hidhni me lugë salcën e mbetur mbi të gjitha. Shërbejeni menjëherë.
e) Vendosni perimet me hell në një tigan dhe vendosini nën skarë, rreth 4 centimetra nga zjarri.
f) Piqeni në skarë derisa të zbuten dhe të skuqen mirë, gjithsej rreth 8 minuta, duke e rrotulluar një herë në gjysmë.

37. Hell perimesh të pjekura në skarë

Bën 4 porcione

Përbërës

- 1 filxhan majdanoz i freskët i prerë në kubikë të trashë
- 1 filxhan cilantro e freskët e prerë në kubikë të trashë
- 3 thelpinj hudhre, te shtypura
- $1/2$ lugë çaji koriandër të bluar
- $1/2$ lugë çaji qimnon i bluar
- $1/2$ lugë çaji paprika e ëmbël
- $1/2$ lugë çaji kripë
- $1/4$ lugë çaji kajenë të bluar
- 3 lugë gjelle lëng limoni të freskët
- $1/3$ filxhan vaj ulliri
- 1 spec i kuq mesatar, i prerë për së gjati në katrorë $1\,1/2$ inç
- 1 patëllxhan i vogël, i prerë në copa 1 inç
- 1 kungull i njomë i moderuar, i prerë në copa 1 inç
- 12 kërpudha të bardha, të lara lehtë dhe të thara
- 12 domate qershi te pjekura

Drejtimet

a) Në një mikser ose përpunues ushqimi, përzieni majdanozin, cilantron dhe hudhrën dhe përziejini derisa të grihen imët. Shtoni korianderin, qimonin, paprikën, kripën, kajenin, lëngun e limonit dhe vajin. Përpunoni derisa të jetë e qetë. Kaloni në një pjatë të vogël.

b) Ngrohni grilën. hidhni specin zile, patëllxhanin, kungull i njomë, kërpudhat dhe domatet në hell dhe renditini në një enë pjekjeje të cekët. Hidhni rreth gjysmën e salcës sharmula mbi perimet e grira dhe marinojini në temperaturë ambienti për 20 minuta.

c) Vendosini perimet me hell në skarë të nxehtë direkt mbi burimin e nxehtësisë. Piqini në skarë derisa perimet të skuqen dhe të zbuten, duke i rrotulluar një herë në gjysmë të pjekjes, gjithsej rreth 10 minuta.

d) Kaloni në një pjatë dhe hidhni me lugë salcën e mbetur mbi të gjitha. Shërbejeni menjëherë.

38. Perime të pjekura në skarë Chimichurri

Bën 4 porcione

Përbërës
- 2 qepe të moderuara, të prera në katër pjesë
- 3 thelpinj hudhre, te shtypura
- 1/3 filxhan gjethe të freskëta majdanoz
- 1/4 filxhan gjethe borziloku të freskët
- 2 lugë çaji trumzë të freskët
- 1/2 lugë çaji kripë
- 1/4 lugë çaji piper i zi i sapo bluar
- 2 lugë gjelle lëng limoni të freskët
- 1/2 filxhan vaj ulliri
- 1 qepë e kuqe e moderuar, e përgjysmuar për së gjati, më pas e grirë në katër pjesë
- 1 patate e ëmbël e moderuar, e qëruar dhe e prerë në segmente 1/2 inç
- kunguj të njomë të vegjël, të prerë diagonalisht në segmente të trasha 1/2 inç
- delli i pjekur, i përgjysmuar për së gjati, më pas i prerë në gjysmë horizontalisht

Drejtimet

a) Ngrohni grilën. Në një mikser ose përpunues ushqimi, përzieni qepujt dhe hudhrat dhe përziejini derisa të grihen. Shtoni majdanozin, borzilokun, trumzën, kripën dhe piperin dhe pulsoni derisa të grihen imët. Shtoni lëngun e limonit dhe vajin e ullirit dhe përziejini derisa të përzihen mirë. Kaloni në një pjatë të vogël.

b) Lyejmë perimet me salcën Chimichurri dhe i vendosim në skarë.

c) Kthejini perimet në të njëjtin rend që i vendosni në skarë.
d) Lyejini perimet me më shumë salcë Chimichurri dhe vazhdoni t'i zieni në skarë derisa perimet të zbuten, rreth 10 deri në 15 minuta për gjithçka, përveç gjetheve, gjë që duhet të bëhet për rreth 7 minuta.
e) Shërbejeni të nxehtë, të spërkatur me salcën e mbetur.

39. Hell portokalli dhe luleshtrydhe të pjekura në skarë

Bën 4 porcione

Përbërës
- 2 portokall të mëdhenj me kërthizë, të qëruara dhe të prera në copa 1 inç
- luleshtrydhe të mëdha të pjekura, të prera
- $1/2$ filxhan Grand Marnier ose liker tjetër me shije portokalli

Drejtimet
a) Hellni copat e portokallit dhe luleshtrydhet në 8 hell, duke vendosur 2 ose 3 copa portokalli në çdo hell, më pas nga 1 luleshtrydhe dhe duke përfunduar me 2 ose 3 copa portokalli.
b) Vendosni frutat me hell në një pjatë të cekët dhe derdhni Grand Marnier mbi fruta, duke e rrotulluar në shtresë. Lëreni mënjanë për 1 orë. Ngrohni grilën.
c) Grijini hellet e frutave, duke i lyer me marinadë, rreth 3 minuta për anë. Shërbejini hellet të nxehta, spërkatini me marinadën e mbetur.

40.   Pulë me bajame të pjekur në skarë

Rendimenti: 4 porcione

Përbërësit

- 1 vezë
- ¼ filxhan niseshte misri
- 2 lugë salcë soje
- 1 thelpi i madh hudhër; i grirë
- 2 gjokse pule të plota pa lëkurë, pa kocka; prerë shirita 1 "nga 3".
- 2½ filxhan bajame ose arra të prera imët; i thekur lehtë
- 2 lugë majdanoz i tharë ose i freskët i grirë
- 4 kumbulla të freskëta të Kalifornisë; përgjysmuar dhe me gropa
- Tarragon i freskët; opsionale
- Bizele të zbardhura kineze; opsionale
- Marule ajsberg e grirë; opsionale
- 1 salcë e shijshme kumbulle

Drejtimet

a) Përzieni 4 përbërësit e parë në qese plastike. Shtoni copat e pulës dhe marinojini për 15 minuta; kulloj. Vendosni bajamet dhe majdanozin në qese plastike. Vendosni copat e pulës, disa nga një, në përzierjen e bajameve.

b) Shkundni për të mbuluar plotësisht. Vendosni pulën, gjysmat e kumbullës dhe tarragonin në shportën e Barbecue ose Skewerin në hell.

c) Piqeni në skarë mbi nxehtësi të moderuar indirekte për 8 minuta ose më shumë derisa të skuqet dhe të gatuhet. Shikoni ngadalë për të shmangur djegien. Nëse dëshironi, shërbejeni në një pjatë të veshur me marule dhe bizele. Hidhni me lugë salcën e kumbullës sipër pulës.

41. Mish derri i pjekur në skarë me bar limoni

Rendimenti: 4 porcione

Përbërësit

- 1 kilogram Mish derri i prerë në copa të madhësisë së kafshatës
- 10 lugë sheqer palme
- 10 lugë salcë peshku
- 10 lugë salcë soje të errët
- 10 lugë gjelle bar limoni
- 5 lugë gjelle Uiski
- 5 lugë qepe
- 5 lugë hudhër
- 5 lugë qumësht kokosi
- 3 lugë vaj susami
- 1 luge piper i zi

Drejtimet

a) Përzieni shëllirën Përbërësit, përveç qumështit të kokosit dhe në një tenxhere ose wok, ziejini derisa të zvogëlohet në gjysmën e vëllimit origjinal.

b) Lëreni të ftohet dhe shtoni qumështin e kokosit duke e trazuar derisa të përzihet.

c) E kulloni mishin për 1-3 orë në një vend të freskët, më pas e kulloni mirë dhe e hidhni në hell.

d) Ziejeni mishin në Barbekju derisa të gatuhet. Ngrohni shëllirën derisa të ziejë, duke e trazuar për 1-2 minuta (për të gatuar gjakun që ka pikuar nga mishi i marinimit dhe për rrjedhojë ta sterilizoni) dhe shërbejeni si salcë zhytjeje për mishin.

42.   G zemër viçi i pjekur

Rendimenti: 16 porcion

Përbërësit

- 1 Zemër viçi
- 8 thelpinj hudhër; e shtypur
- 2 Kili
- 2 lugë qimnon i bluar
- ½ lugë gjelle rigon, i tharë
- Kripë; për shije
- Piper, i zi; për shije
- 2 gota uthull, verë, e kuqe
- 1 lugë vaj perimesh
- Kripë; për shije

Drejtimet

a) Pastroni mirë zemrën e viçit, duke hequr të gjitha nervat dhe yndyrën. Pritini në kube 1 inç, vendosini në enë jo reaktive, vendoseni në frigorifer dhe lërini mënjanë.

b) Përzieni hudhrën, djegësin, qimnonin, rigonin, kripën dhe piperin dhe 1½ filxhan uthull. Hidhni mbi mish. Shtoni më shumë uthull, nëse është e nevojshme, për të mbuluar plotësisht mishin. Marinojeni, në frigorifer, 12-24 orë. Rreth

1 orë para pjekjes në skarë, nxirreni mishin nga shëllira dhe hidheni në hell . Rezervoni shëllirë

c) Lyejeni kilin e grimcuar në ⅓ filxhan ujë të ngrohtë për 30 minuta. Në procesor, përzieni specin djegës dhe ujin me vaj dhe kripë. Shtoni mjaft shëllirë të rezervuar (¾ filxhan) për të bërë salcë të trashë.

d) Lyejeni mishin e hellosur me salcë dhe piqni në skarë mbi qymyr të nxehtë ose nën një skarë, duke e rrotulluar dhe pastruar për të gatuar shpejt nga të gjitha anët. I gatuar më mirë në mënyrë të moderuar , 4-6 minuta në skarë. Shërbejeni me salcën e mbetur për zhytje.

43.   "Skara e përzier" e pjekur në skarë

Rendimenti: 1 porcion

Përbërësit

- Zgjidhni pulën, sallamin, viçin, derrin dhe/ose qengjin sipas dëshirës tuaj dhe si më poshtë:
- 1 kile gjoks pule pa kocka, pa lëkurë, të prera në copa 1 inç
- 1 kile sallam i ëmbël italian, i prerë në copa 1 inç
- 1 filxhan lëng grejpfruti
- 3 lugë mjaltë
- 2 lugë gjalpë të shkrirë
- ½ lugë çaji kripë
- 2 lugë rozmarinë të freskët të prerë në kubikë
- 2 lugë trumzë të freskët të prerë në kubikë
- 1 lugë gjelle hudhër të prerë në kubikë
- 1 qepë e vogël, e prerë në kubikë
- 2 lugë lëng limoni
- ½ filxhan Vaj
- 1 lugë çaji Trumzë e thatë
- 1 lugë çaji borzilok i tharë
- 1 lugë çaji Kripë

- ½ lugë çaji Piper

Drejtimet

a) Përziejini të gjithë përbërësit në një pjatë të madhe të cekët dhe jo reaktive; shëllirë e mbuluar në temperaturën e dhomës për 2 orë, ose e mbuluar në frigorifer për disa orë. Nxirreni, ri- pjesoni shëllirë dhe pulën në hell (at) e veta dhe suxhuk në hellin e vet

b) në skarë mbi qymyr mesatar të nxehtë, duke e rrotulluar shpesh, duke e larë me shëllirë përkatëse. Pulë do të marrë rreth 15 minuta; sallam rreth 20-25 minuta; mish derri, viçi ose qengji rreth 20 minuta. Hiqeni nga nxehtësia dhe hidheni mbi shëllirën e mbetur/përkatëse; mbulojeni me fletë metalike për rreth pesë minuta; shërbejnë.

Krahët e pjekur në skarë

44. Krahë kili të pjekur në skarë

Rendimenti: 4 porcione

Përbërës

- 1 filxhan lëng ananasi
- 2 luge uthull balsamike
- 2 lugë sheqer kafe të errët
- 4 thelpinj hudhër; i grirë imët
- 1 mbulesë skoceze ose habanero chile; i grirë imët
- ½ lugë çaji spec i grirë
- 24 Krahë pule
- Kripë dhe piper i sapo bluar
- Shkopinj karrota dhe selino

Drejtimet

a) Përdorni djegësin anësor ose Ngrohni skarën. Përziejini të gjithë përbërësit në një tenxhere të vogël dhe lërini të ziejnë për 2 minuta. Hiqeni nga zjarri, hidheni në një enë të madhe dhe lëreni të ftohet. Shtoni krahët e pulës në shëllirë dhe marinojini në frigorifer për të paktën 2 orë.

b) Grijini në zjarr të moderuar për 10 deri në 15 minuta ose më shumë derisa të gatuhet

c) Shërbejeni me shkopinj selino dhe karrota.

45. Krahë pule të nxehta të pjekura në skarë

Rendimenti: 24 krahë të nxehtë

Përbërës

- 12 Krahë pule
- ½ filxhan miell
- ½ lugë çaji pluhur djegës
- ⅓ filxhan vaj gatimi
- ½ filxhan salcë Barbecue
- ½ lugë çaji salcë me spec djegës

Drejtimet

a) Hiqni majat e krahëve dhe pritini krahët në gjysmë. Hidhni në një përzierje mielli dhe pluhur djegës dhe skuqeni në vaj të nxehtë, 8-10 minuta nga secila anë, deri në kafe të artë. Kullojini në peshqir letre.

b) Ngrohni së bashku salcën e Barbecue dhe salcën me spec djegës.

c) Shtoni krahët e pulës të ziera dhe ziejini për disa minuta.

46. Krahë pule me piper të bardhë

Rendimenti: 6 porcione

Përbërës

- 20 krahë pule; prerë në nyje (ruajini majat e krahëve për stok ose hidhni ato)
- ¼ filxhan piper i bardhë i sapokrisur
- 2 lugë kripë
- ½ filxhan salcë soje
- ¼ filxhan lëng gëlqereje (rreth 2 lime)
- 2 lugë xhenxhefil të grirë
- 2 lugë çaji hudhër të grirë
- 2 lugë spec djegës të freskët të kuq ose jeshil të grirë sipas dëshirës tuaj
- 1 lugë gjelle Sheqer
- 2 lugë borzilok të freskët të prerë në kubikë
- 2 lugë gjelle cilantro të freskët të prerë në kubikë

Drejtimet

a) spërkatni krahët me piper dhe kripë. Grijini në zjarr mesatarisht të nxehtë derisa të skuqen mirë, 5 deri në 7 minuta, duke rrotulluar disa herë.

b) Hiqeni krahun më të madh nga zjarri dhe kontrolloni gatishmërinë duke e ngrënë.

c) Hiqni krahët nga grila dhe vendosini në një enë të madhe.

d) Shtoni të gjithë përbërësit e mbetur, përzieni mirë dhe shërbejeni.

47. Krahë pule të marinuara me soje

Rendimenti: 10 porcion

Përbërës

- 2 kilogramë Krahë pule; prerë në 2 pjesë,
- Drumette s
- 3 thelpinj hudhër; i copëtuar
- ⅓ filxhan salcë soje
- 3 lugë verë e thatë sheri ose orizi
- 2 lugë mjaltë ose sheqer
- 1 copë Rrënjë xhenxhefili i freskët; 1 inç, i copëtuar
- 3 qepë të njoma; Segmentuar hollë
- 2 lugë gjelle aziatike; (i thekur) vaj susami
- 1 Dip me aromë aziatik me kikirikë

Drejtimet

a) Përzieni krahët e pulës me 7 përbërësit e ardhshëm. Vendoseni në një enë ose qese të madhe plastike dhe lëreni në frigorifer për të paktën një orë ose deri në 3 ditë. Kthejeni herë pas here gjatë marinimit. Grijini në zjarr të hapur ose piqeni në skarë derisa të bëhen të freskëta.

b) Shërbejeni të shoqëruar me salcën e kikirikut.

48. Krahë pule tajlandeze BBQ

Rendimenti: 1 porcion

Përbërës

- 2 kilogramë Krahë pule; të përçarë
- 1 kanaçe qumësht kokosi; (2 gota)
- 1 qepë e moderuar ; të prera në mënyrë të trashë
- 2 lugë hudhër; i grimcuar
- 2 lugë çaji Shafran i Indisë
- 2 lugë çaji Kili i tharë Thai; i grimcuar
- 2 lugë çaji Galangal
- 1 lugë gjelle kripë e trashë
- 1 filxhan Thai; të freskëta të copëtuara
- 1 filxhan qepë; e kuqe e copëtuar
- 1 filxhan lëng lime; i saposhtrydhur
- 1 lugë gjelle salcë peshku
- 1 lugë çaji Kripë
- 2 lugë Palm; ose kafe e lehtë, sheqeri i tretur në
- ½ filxhan Ujë
- 2 lugë gjelle Cilantro; i copëtuar

Drejtimet

a) Merrni të gjithë përbërësit, përveç krahëve, dhe bluajini në një pastë me uniformitetin e kosit të hollë. Për këtë mund të përdoret një përpunues ushqimi. Vendoseni në një enë qeramike ose qelqi dhe përziejini me krahët e pulës, duke i përzier deri në lyerje. Lëreni në frigorifer gjatë natës.

b) Shkundni shtresën e tepërt dhe vendoseni mbi qymyr të nxehtë dhe gatuajeni, duke u përpjekur të mos digjet. Shërbejeni me salcë lime.

49. Krahë indian BBQ

Rendimenti: 4 porcione

Përbërës

- 16 Krahë pule
- 1 filxhan jogurt i thjeshtë
- 2 lugë lëng lime
- 1 lugë çaji hudhër, e shtypur
- ½ lugë çaji pluhur speci djegës
- ½ lugë çaji kardamom, i bluar
- ¼ lugë çaji Qimnon i bluar
- ¼ lugë çaji Piper i zi
- ¼ lugë çaji Karafil, i bluar
- ¼ lugë çaji kanellë
- majë arrëmyshk
- Kripë për shije

Drejtimet

a) gatshme.

b) Shponi 16 krahë pule në të gjithë me një pirun ose thikë të mprehtë dhe përzieni në marinadë, lëreni të paktën 2 orë, mundësisht gjatë natës.

c) Piqeni në skarë butësisht, duke spërkatur bollëk me marinadë të tepërt, derisa korja të jetë skuqur pjesërisht dhe krahët të gatuhen

50. Krahë pikante Barbecue

Rendimenti: 4 porcione

Përbërës

- ½ paund Krahë pule
- ½ filxhan ketchup
- ½ filxhan Ujë
- 2 lugë çaji mustardë Dijon
- 1 lugë çaji Kripë
- 2 lugë çaji salcë të nxehtë Luiziana
- ½ lugë çaji pluhur djegës
- 2 thelpinj hudhër - të grira
- ¼ filxhan lëng limoni
- 1 lugë sheqer kaf
- 2 luge vaj
- 2 lugë salcë Worcestershire
- ¼ lugë çaji Qimnon
- 1 luge piper i zi
- Vaj për tiganisje të thellë

Drejtimet

a) Në një tenxhere të madhe të rëndë, përzieni së bashku përbërësit e salcës BBQ.

b) Lëreni të vlojë, më pas ulni nxehtësinë dhe ziejini për 15 minuta. Në një tigan ose wok, ngrohni vajin në 375ø F (190ø C). Skuqini thellë disa krahë në të njëjtën kohë, deri sa të jenë gatuar, rreth 10-15 minuta.

c) Kullojini krahët e skuqur në një peshqir absorbues. kur të jenë gatuar të gjithë krahët, vendosini në salcën BBQ të zier. Përziejini për të veshur dhe shërbejeni.

51. O varg krahë të skarë

Rendimenti: 24 meze

Përbërës

- 12 Krahë pule; këshilla Të hequra
- ⅓ filxhan salcë djegës
- ¼ filxhan marmelatë portokalli
- 1 lugë gjelle uthull vere e kuqe
- 1½ lugë çaji salcë Worcestershire
- ¼ lugë çaji pluhur hudhër
- ¼ lugë çaji Mustardë e gatshme

Drejtimet

a) Pritini çdo krah në gjysmë; vendoseni në qese të madhe që mbyllet përsëri. Shtoni përbërësit e shëllirë; qese me vulë. Kthejeni çantën në krahë pallto. Lëreni në frigorifer të paktën 4 orë ose deri në 24 orë, duke e rrotulluar qesen herë pas here. Ngrohni skarën në 375

b) Kullojeni pulën, ri- porosni marinadën

c) Vendoseni pulën në tiganin e skarës. Piqni për 45-60 minuta, duke e lyer herë pas here me marinadë. Hidhni çdo marinadë të mbetur.

52. BBQ wingflingers

Rendimenti: 1 porcion

Përbërës

- ½ qese krahë pule të ngrira
- ¼ filxhan vaj sallate
- 5 qepë të moderuara, të prera në kubikë
- 3 gota salcë domate
- 1½ filxhan sheqer kafe të paketuar
- ¾ filxhan uthull të bardhë
- 3 lugë salcë Worcestershire
- 4 lugë djegës pluhur
- 2 lugë kripë
- ¼ lugë çaji Mustardë e thatë

Drejtimet

a) Ngroheni skarën në 400.

b) Në vajin e nxehtë të sallatës mbi nxehtësinë mesatare-të lartë, gatuajeni qepën derisa të zbutet.

c) Shtoni përbërësit rem, ngrohni derisa të vlojnë, duke i përzier vazhdimisht.

d) Ulni nxehtësinë dhe ziejini për 30 minuta, përzieni herë pas here.

e) Hidhni mbi krahë dhe piqini në salcë për 1 orë.

53. Krahët e buallit të pjekur në skarë

Përbërës

- 4 paund. krahe pule
- 1 filxhan uthull musht 1 lugë çaji thekon piper të kuq
- 2 lugë vaj vegjetal 1 lugë çaji kripë
- 2 lugë salcë Worcestershire 1 lugë çaji piper i freskët i bluar
- 2 lugë djegës pluhur 1 lugë gjelle Tabasco ose salca juaj e preferuar e nxehtë

Drejtimet

a) Përziejini të gjithë përbërësit për shëllirë në një enë të vogël dhe përziejini mirë. Vendosni krahët e pulës në një qese të madhe plastike për ruajtjen e ushqimit dhe derdhni në marinadë. Shtypni ajrin dhe mbylleni fort qesen.

b) Masazhoni qesen me butësi për të shpërndarë marinadën. Vendoseni në një enë të madhe dhe vendoseni në frigorifer ose vendoseni në frigorifer për disa orë (më së miri gjatë natës), duke e masazhuar qesen herë pas here.

c) Përgatitni një zjarr mesatar në skarë. Vendosni një raft të skarës me vaj 4-6 inç mbi qymyr ose shkëmbinj llavë. Nxirrni krahët nga marinada, shkundni pjesën e tepërt dhe vendosini në raft për skarë.

d) Grillni, duke e rrotulluar shpesh dhe duke e larë me shëllirë të rezervuar Rreth 25 deri në 30 minuta duhet ta bëni këtë derisa lëkura të fillojë të shkrihet.

54. Krahë pule me sodë limon-lime

Përbërës

- sode limon-lime
- salce soje
- vaj ulliri, mustardë
- hudhra
- qepës

Drejtimet

a) Shtoni sodën me limon-lime, salcën e sojës, vajin e ullirit, mustardën, hudhrën dhe qepën në një pjatë, më pas përzieni për t'i përzier. Vendoseni pulën në qese të mëdha që mbyllen, më pas hidheni në shëllirë dhe sigurohuni që pula të jetë e mbuluar mirë. Lëreni në frigorifer për të paktën 8 orë ose gjatë natës.

b) Ngrohni skarën në mesatare . Kur grila juaj është e nxehtë, përdorni darë për të zhytur një tufë peshqirësh letre në vaj vegjetal dhe i kaloni dhjetëra herë nëpër grila.

c) Piqeni pulën në skarë, duke e lyer herë pas here me marinadën e mbetur, derisa pula të jetë gatuar, rreth 5-6 minuta për anë.

Suxhuk i pjekur në skarë

55. Topa me salsiçe për mëngjes

Rendimenti: 12 porcione

Përbërës

- 2 lugë lëng portokalli, koncentrat i ngrirë
- 2 lugë shurup panje
- 4 segmente Bukë
- 1 vezë e përzier pak
- ½ paund sallam i butë me shumicë
- ½ filxhan i prerë në kubikë Pekan të pjekur në skarë
- 2 lugë gjelle Thekon majdanoz

Drejtimet

a) Thyejeni bukën me lëng portokalli dhe shurup panje. Shtoni vezën dhe përzieni plotësisht.

b) Përziejini në përbërësit e mbetur. Bëni topa të vegjël salsiçesh me diametër rreth 1 inç ose në peta. Skuqini ngadalë në një tigan ose në tigan mbi nxehtësinë mesatare derisa të marrin ngjyrë kafe.

c) Ngrohni përsëri në një skarë të ngrohtë përpara se ta shërbeni.

56.   Suxhuk me kërpudha të egra në skarë

Rendimenti: 2 porcione

Përbërës

- 6 ons gjoks pule; Me kocka dhe lëkurë
- 1 vezë
- 2 ons Krem i rëndë; Ftohtë
- 3 ons kërpudha Cremini
- 3 ons kërpudha Portabella
- 3 ons kërpudha Shitake
- 3 ons kërpudha me butona
- ½ ons barishte të bukura (majdanoz; tarragon, qiqra, qiqra)
- 1 ons Shallots; Të prera në kubikë
- Kripë; Për Shije
- Piper; Për Shije
- Gjalpë

Drejtimet

a) Për shkumën e pulës: Bëjeni pure pule në një procesor ushqimi derisa të jetë e qetë. Shtoni kripë e piper dhe vezën. Pulsoni vetëm për të Përzier dhe kruani anët.

b) Ndërsa procesori i ushqimit është në punë, shtoni kremin gradualisht përmes tubit të ushqimit.

c) Qetësohu dhe rezervohu. Lani dhe segmentoni kërpudhat. Në një tigan të nxehtë , gatuajini kërpudhat me gjalpë. Kur kërpudhat të marrin ngjyrë kafe, shtoni qepujt dhe barishtet. Nxirreni nga tigani dhe ftoheni. mbivendosen së bashku kërpudhat dhe pulën.

d) rrafshoni mbështjellësin plastik në një tavolinë. Në mes , hidhni me lugë një grumbull 1 inç të përzierjes së kërpudhave. Rrokullisni plastikën në një trung. Lidhni skajet me një fije dhe lidhni në lidhje. Ziejini në ujë të zier për 10 minuta. Trondisni lidhjet në ujin e akullit. Kjo mund të bëhet deri në 3 ditë përpara. Për ta shërbyer, nxirreni salsiçen nga plastika dhe piqeni në skarë, piqni ose tymosni derisa të jetë e nxehtë. Segmentoni sallamin dhe shërbejeni me një sallatë të përzier
.

57.   Tapas sallamesh të pjekura në skarë

Rendimenti: 6 porcione

Përbërës

- ½ paund sallam i tymosur plotësisht i gatuar
- ½ paund Bratwurst i gatuar plotësisht
- ½ paund sallam veror të gatuar
- 10 copa ananasi, të kulluara
- 1 Apple Red Delicious, e prerë në copa
- 1 kungull veror/kungull i njomë, i prerë në copa 1 inç
- 2 qepë të vogla, të ziera, të prera në copa
- 4 domate të forta kumbulle ose qershi, të përgjysmuara
- 4 s të moderuar deri në 6 kërpudha të plota
- 1 Piper i vogël jeshil dhe i kuq
- Piper limoni shëllirë / Salcë
- ¾ filxhan vaj ulliri
- 3 lugë uthull vere të kuqe
- ⅓ filxhan lëng limoni i freskët
- 2 lugë çaji Lëkurë limoni të grirë
- 1 thelpi hudhër, i grirë
- 2 lugë sheqer

- ½ lugë çaji trumzë
- ¼ lugë çaji Piper i freskët i bluar
- ½ lugë çaji kripë

Drejtimet

a) pjatë të madhe përzierjeje , shtoni përbërësit e shëllirë me piper limoni . përzieni me një rrahëse teli derisa të përzihet mirë . Shtoni copat e sallamit dhe lyejini mirë duke e rrotulluar me një shpatull. shëllirë në frigorifer për të paktën 1 orë, duke e rrotulluar herë pas here. Ngrohni grilën.

b) Alternoni sallam me fruta dhe perime në hell .

c) Vendosni kaboba në skarë; lyejeni bujarisht me shëllirën e mbetur .

d) Grini 5 deri në 6 minuta - duke e rrotulluar sipas nevojës. Lyejeni me shëllirë .

58.   Salcice të pjekura në skarë

Rendimenti: 1 porcion

Përbërës

- 2 paund Lidhje me sallam të freskët viçi dhe qengji
- 2 paund Uiski i tymosur kopër sallam derri Lidhjet; rreth
- Ketchup domate të bërë në shtëpi
- Mustarda të ndryshme
- 12 bukë të vogla franceze ose simite hot dog
- 4 qepë të moderuara ; Të prera në kubikë
- 4 thelpinj hudhër; Të prera në kubikë
- Katër kanaçe domate të plota
- ½ filxhan Sheqer
- 1 filxhan uthull mushti
- 1 lugë çaji karafil të plotë
- 1 lugë çaji spec i plotë; i grimcuar
- 1 shkop kanelle
- 1 lugë çaji fara selino
- 2 lugë çaji Mustardë e thatë
- 1 lugë çaji paprika
- Tabasko për shije

Drejtimet

a) gati .

b) Grijini salcice të freskëta në një raft të lyer me vaj, të vendosura 5 deri në 6 inç mbi thëngjij të ndezur, duke i rrotulluar , 10 deri në 15 minuta ose deri sa të gatuhen (170F. në një termometër që lexohet në çast). Grijini salsiçet e tymosura në skarë, duke i rrotulluar , 5 deri në 8 minuta ose deri sa të nxehen.

c) Shërbejini salsiçet me ketchup dhe mustardë mbi bukë.

d) Bëni ketchup domate:

e) Në një kazan të rëndë, gatuani qepët, hudhrat dhe domatet.

f) Mbulojeni, mbi zjarr mesatarisht të ulët, duke i përzier herë pas here, derisa qepët të jenë shumë të buta, rreth 40 minuta. Forcojeni përzierjen përmes një mulli ushqimi të pajisur me disk të trashë në një enë .

g) Në një kazan të pastruar përzieni purenë, sheqerin dhe uthullën dhe ziejini, pa mbulesë, duke e përzier shpesh për të parandaluar djegien, derisa të zvogëlohet pjesërisht , rreth 20 minuta.

h) Lidhni karafilat, specin, kanellën dhe farat e selinosë në një qese me napë dhe shtoni në përzierjen e domates me mustardë dhe paprika. Ziejeni përzierjen, duke e trazuar, derisa të trashet shumë, rreth 10 minuta

59. Suxhuk i tymosur i pjekur në skarë

Rendimenti: 4 porcione

Përbërës

- 1 litër lëng pule
- ¾ ons niseshte misri
- ½ litër uthull vere e kuqe
- ½ litër vaj ulliri ekstra i virgjër
- ½ lugë çaji kripë
- 1 lugë çaji Borzilok i freskët i prerë në kubikë
- 1 lugë çaji rigon i freskët i prerë në kubikë
- ½ lugë çaji hudhër të freskët të prerë në kubikë
- 1 lugë çaji trumzë e freskët e prerë në kubikë
- 1 presh i prerë në katërsh
- 1 Kungull i njomë i segmentuar 1/8" i trashë
- 1 kungull i verdhë 1/8" i trashë
- 1 qepë e segmentuar 1/8" e trashë
- 1 domate e segmentuar 1/8" e trashë
- 4 Salcice të tymosur

Drejtimet

a) E sjellim lëngun (supën) të vlojë. Holloni niseshtenë e misrit në pak ujë të ftohtë ose lëng (supën). Përfshini gradualisht niseshtenë e holluar të misrit. Përziejini derisa lëngu të jetë mjaft i trashë për të lyer lehtë pjesën e pasme të lugës

b) Lëreni lëngun të ftohet. Kur të ftohet, futni uthullën dhe vajin së bashku me barishtet në procesorin e ushqimit. Shtoni kripë për shije.

c) Skara me ngrohje

d) Përziejini lehtë perimet në shëllirë , aq sa të lyhen.

e) Vendoseni në skarë dhe ziejini derisa të zbuten, afërsisht 3-5 minuta

f) Skuqni sallamin e tymosur krahas perimeve. Shërbejeni salsiçen e tymosur me rregullimin e perimeve.

60. Sanduiçe me salsiçe për mëngjes

Rendimenti: 1 shërbim

Përbërës

- Gjalpë ose margarinë e zbutur
- 8 segmente Bukë
- 1 kile sallam derri, i gatuar
- I grimcuar dhe i kulluar
- 1 filxhan djathë çedër i grirë
- 2 vezë, të përziera
- 1½ filxhan qumësht
- 1½ lugë çaji mustardë

Drejtimet

a) Lyejeni gjalpin në njërën anë të secilit segment të bukës.

b) Vendosni 4 segmente, me anën e lyer me gjalpë poshtë, në një shtresë të vetme në një enë pjekjeje katrore 8 inç të lyer me pak yndyrë.

c) sipër çdo segment buke me sallam dhe segmentet e mbetura të bukës, anën e lyer me gjalpë lart. Spërkateni me djathë.

d) Përziejini përbërësit e mbetur; vrull mbi sanduiçe. mbulojeni me kapak dhe vendoseni në frigorifer për të paktën 8 orë.

61. Salcice llak në skarë

Rendimenti: 100 porcione

Përbërës

- 18¾ paund sallam llak
- 3⅛ paund lakër turshi
- 1 kile qepe te thata
- 100 simite Frankfurter
- 1⅛ kile mustardë

Drejtimet

a) Piqeni në skarë derisa të gatuhet plotësisht dhe të marrë ngjyrë kafe. Kthejeni shpesh për të siguruar një skuqje të njëtrajtshme.

b) Vendosni 2 copë sallam në secilën rrotull.

c) Përhapeni 1 lugë çaji mustardë në çdo sallam. Shtoni 1 lugë gjelle lakër turshi dhe 1 lugë çaji qepë të grira në kubikë.

d) Shërbejeni të nxehtë.

62.   Roletë me salsiçe andouille të pjekura në skarë

Rendimenti: 1 porcion

Përbërës

- 2 lugë çaji vaj ulliri
- ½ paund sallam Andouille
- ½ filxhan qepë të grira hollë
- ½ paund djathë blu Maytag
- 1 paund biftek krahu; prerë në 4
- Thelbi
- patate të mbytura
- 1 lugë gjelle majdanoz i freskët i grirë hollë
- 1 luge vaj ulliri
- 1 filxhan Pritini hollë qepët
- Kripë
- Piper i zi i sapo bluar
- ¼ paund gjysma arre
- 1 kilogram patate të reja; të katërta dhe të pjekura në skarë
- 2 lugë çaji hudhër të prerë në kubikë
- 2 gota Reduktim i viçit

Drejtimet

a) Ngrohni skarën.

b) Vendosni secilën pjesë të biftekit të krahut midis dy fletëve të mbështjelljes plastike.

c) Duke përdorur një çekiç për ushqim, grijeni çdo biftek rreth $\frac{1}{4}$ inç të trashë. Nxirreni dhe hidhni mbështjellësin plastik.

d) Spërkatini të dyja anët e biftekut me esencë.

e) Hidhni 2 ons të përzierjes së sallamit në mënyrë të barabartë mbi çdo biftek. Spërkatni 2 ons djathë, në mënyrë të barabartë mbi çdo biftek. Filloni nga një fund, mbështilleni fort çdo biftek, duke formuar një formë pelte.

f) Mbulojeni çdo rulotë me tre kruese dhëmbësh.

g) Vendosni rulatat në skarë dhe gatuajeni për 2 deri në 3 minuta nga të gjitha anët, për raste mesatare.

h) Hiqeni nga grila dhe pushoni për nja dy minuta përpara se ta prisni në feta.

i) Duke përdorur një thikë të mprehtë, segmentoni secilën rulë në segmente $\frac{1}{2}$ inç.

j) Për t'i shërbyer, hidhni me lugë patatet në mes të çdo pjate. Renditni segmentet e rulotës rreth patateve. Dekoroni me majdanoz.

63.	Krepineta me sallam gjahu të pjekur në skarë

Rendimenti: 1 shërbim

Përbërës

- 1 kile rosë me yndyrë
- ½ paund Vith derri
- ¼ paund Pancetta
- 1 lugë çaji fara qimnon
- 1 lugë çaji kanellë
- 1 lugë çaji Kripë
- ¼ paund yndyrë Caul
- 4 lugë vaj ulliri ekstra i virgjër
- 2 thelpinj hudhre, te segmentuara holle
- 2 filxhanë lakër jeshile
- Kripë dhe piper i sapo bluar për shije
- 2 shishe uthull balsamike, e reduktuar në 20 për qind në shurup

Drejtimet

a) Ngrohni skarën ose skarën.

b) Prisni rosën, prapanicën e derrit dhe pancetën në kube ¼ inç. Kaloni mishin përmes një mulli. Përzierja duhet të jetë mjaft e ashpër.

c) Në një pjatë të madhe përzierjeje , përzieni mishin e bluar me kanellën, qimnonin dhe kripën. Përziejini shumë mirë. Ndani përzierjen në 8 peta të barabarta ovale, rreth $\frac{1}{2}$ inç të trasha. Mbështilleni çdo petë me yndyrë pule. Vendosini petat nën skarë ose në skarë dhe gatuajini, rreth 4 deri në 5 minuta nga çdo anë. Le menjane.

d) tigan të madh 12 deri në 14 inç , ngrohni vajin e ullirit derisa të pini duhan.

e) Shtoni hudhrën dhe skuqeni deri në kafe shumë të lehtë, rreth 2 minuta. përzieni lakër jeshile dhe kaurdiseni, duke e trazuar shpejt, rreth 2 deri në 3 minuta, derisa të thahet, por jo shumë e butë. E heqim nga zjarri dhe e rregullojmë me kripë e piper.

f) Ndani masën në mënyrë të barabartë në 4 pjata dhe shërbejeni.

64. Salcice marokene e qengjit të bërë në shtëpi

Rendimenti: 4 porcione

Përbërës

- 1⅓ paund Qengj pa dhjamë, i bluar me
- ⅔ paund Yndyrë qengji, derri ose viçi
- 2 lugë ujë
- 1½ lugë hudhër të grirë
- 2 lugë gjelle cilantro të freskët të prerë në kubikë
- 2 lugë majdanoz të freskët të prerë në kubikë
- 2 lugë paprika
- 1½ lugë çaji qimnon i bluar
- 1½ lugë çaji koriandër të bluar
- 1¼ lugë çaji kanellë
- ¾ lugë çaji piper i kuq
- 1¼ lugë çaji kripë
- ½ lugë çaji piper i freskët i bluar
- Shtresë derri me 2 këmbë
- 2 lugë vaj ulliri; opsionale
- 1 piper i madh jeshil; opsionale
- 2 qepë të moderuara ; opsionale

Drejtimet

a) Përziejini të gjithë përbërësit përveç vajit të ullirit dhe tre artikujve opsionalë në një pjatë të madhe dhe përziejini mirë.

b) Ngrohni skarën ose skarën.

c) Grijini ose piqni në skarë 3 deri në 4 minuta nga secila anë derisa të gatuhet. Për tabletat, lyeni me vaj dhe gatuajeni 3 deri në 4 minuta nga secila anë. Për petat, lyeni me vaj dhe piqni në skarë 4 deri në 5 minuta nga secila anë ose skuqeni në zjarr të fortë.

d) Nëse dëshironi, salsiçet mund të hidhen në hell në mënyrë të alternuar me copa piper jeshil dhe çerek qepë përpara se të piqen në skarë.

65.   Salcice kungujsh dhe birre të pjekura në skarë

Rendimenti: 1 shërbim

Përbërës

- 1 shishe birre ale
- 4 ons kungull; të freskëta ose të konservuara
- 1 ons hudhër; Të prera në kubikë
- 1 ons shurup panje i pastër
- 2 Lidh çdo rosë; shpuar me një pirun
- 2 Lidhje mish dreri; shpuar me një pirun
- 2 Lidhje sallam pule; shpuar me një pirun
- 1 qepë e vogël e kuqe; Segmentuar hollë
- 1 lugë gjelle Gjalpë
- Kripë
- Piper
- 1 llambë kopër; e rruar
- 1 ons Çdo djathë saga bleu
- 1 ons stilton anglez
- 1 ons Gorgonzola

Drejtimet

a) Përzieni porterin, kungullin, hudhrën dhe shurupin e panjeve dhe hidheni sipër salsiçeve.

b) Hiqni salsiçet nga shëllira dhe skuqini në skarë 500 gradë për 10 minuta. Segmentoni dhe grijini derisa të mbaroni.

c) Gatuani qepët në gjalpë mbi nxehtësi të ulët derisa të jenë të buta dhe të tejdukshme. I rregullojmë me kripë dhe piper

66.   Sallam i pjekur në skarë në tortilla

Rendimenti: 15 porcione

Përbërës

- 1 paund Suxhuk italian i nxehtë ose i ëmbël
- 1 filxhan verë e kuqe e përzemërt
- 9 tortilla me miell 8 inç ose misër 6 inç
- Mustardë mjaltë

Drejtimet

a) Vendoseni sallamin në një shtresë të vetme në një tigan 9 inç . vera e vrullshme mbi sallam. Lëreni të vlojë. Ulni nxehtësinë, mbulojeni pjesërisht me kapak dhe ziejini derisa salsiçet të jenë gatuar, duke rrotulluar shpesh, rreth 12 minuta.

b) Nxirreni sallamin nga tigani dhe ftoheni pak.

c) Barbecue gati (nxehtësi e moderuar - e lartë). Pritini salsiçet në segmente $\frac{1}{2}$ inç. segmente me thumba në hellza të gjata metalike, duke përdorur 3 deri në 4 hell.

d) Pritini tortillat në katërsh dhe mbështillini me fletë metalike. Vendosni tortillat në anën e skarës që të ngrohen. Skuqni sallamin derisa të nxehet dhe të skuqet nga të gjitha anët, rreth 5 minuta.

e) Nxirreni sallamin nga hellet dhe vendoseni në enën për servirje . Shërbejeni salsiçen me tortilla dhe mustardë.

67. Sanduiçe me sallam të pjekur në skarë

Rendimenti: 4 porcione

Përbërës

- 1 luge vaj ulliri
- 1 qepë, e prerë në kubikë
- 1 thelpi hudhër, i grirë
- 1 piper i kuq i ëmbël, i prerë në kubikë të trashë
- Thithni thekon spec djegës
- Domate
- 2 lugë majdanoz të freskët të prerë në kubikë
- ¼ lugë çaji Çdo kripë dhe piper
- 4 salsiçe italiane
- 4 role italiane me kore
- 4 gjethe marule
- 4 lugë çaji djathë parmixhano të sapo grirë

Drejtimet

a) Në një tenxhere të rëndë, ngrohni vajin në nxehtësi të moderuar ; gatuajeni qepën dhe hudhrën, duke i përzier herë pas here, për 5 minuta ose më shumë derisa të zbuten. Shtoni piper të kuq dhe thekon piper djegës; gatuaj për 2 minuta.

b) Përzieni domatet, majdanozin, kripën dhe piperin; sillni në valë. Ulja e nxehtësisë; ziejini për 20 minuta ose më shumë derisa të trashet.

c) Ndërkohë, presim salsiçet për së gjati pothuajse deri në fund. Hapeni dhe vendoseni, me anën e prerë poshtë, në skarë të lyer me yndyrë mbi nxehtësinë mesatare - të lartë; gatuajeni për rreth 5 minuta për çdo anë ose lart derisa të jetë e freskët nga jashtë dhe jo më rozë brenda.

d) Segmentoni çdo rrotull në pjesë të pjesshme horizontalisht; tost, me anën e prerë poshtë, për 2 deri në 3 minuta ose më shumë derisa të marrë një ngjyrë të artë. sipër çdo fund fraksionale me marule dhe sallam; lugë salcë domate mbi pjesën e sipërme . Spërkateni me parmixhan; mbulojeni me kapak me pjesën e sipërme thyesore e rrotullës.

68. Suxhuk i pjekur në skarë me piper

Rendimenti: 1 porcion

Përbërës

- 12 sallam italiane; (mesatarisht e nxehtë)
- 3 speca të kuq të mëdhenj
- 2 qepë të moderuara
- 3 Kallinj misri
- 2 domate biftek
- 12 gjethe të mëdha borziloku
- ⅓ filxhan dhe 4 lugë gjelle vaj ulliri ekstra të virgjër
- Kripë Kosher për shije
- Piper i zi i freskët i bluar për shije
- 4 lugë gjelle uthull balsamike
- 1 thelpi hudhër i madh; (E prerë në kubikë)

Drejtimet

a) Përgatitni një zjarr mesatar dhe vendoseni skarën 6 inç mbi qymyr. Vendosni 4 lugë gjelle vaj në një enë dhe përzieni hudhrën e prerë në kubikë .

b) Lyejmë specat, qepët dhe misrin me vaj dhe i rregullojmë me kripë dhe piper.

c) Vendosni specat në skarë (nga ana e prerë poshtë) dhe ziejini për rreth 4-5 minuta.

d) Kthejeni skarën për 2 minuta të tjera. Kini kujdes që lëkura të mos skuqet shumë.

e) Hiqni specat dhe julienne. Vendosni qepët në skarë dhe ziejini për 3 minuta nga secila anë. Nxirreni nga skara dhe Pritini në copa ½ inç.

f) Vendosni misrin në skarë dhe gatuajeni për 1 minutë. Rrotulloni misrin dhe vazhdoni të piqni në skarë

g) Hiqini nga grila dhe nxirrni kokrrat nga kalli me thikë. Vendoseni sallamin në skarë dhe gatuajeni për rreth 4 minuta nga secila anë. Salcicet duhet të gatuhen për rreth 6-8 minuta.

h) Vendosni specat julienne, qepët e prera në kubikë, kokrrat e misrit dhe domatet e prera në një pjatë. Shtoni borzilokun

i) I rregullojmë me kripë dhe piper

j) Ndani sallatën në gjashtë pjata dhe vendosni dy salçiçe në secilën pjatë. Shërbejeni me bukë italiane me kore.

69. Suxhuk i pjekur në skarë me mustardë pikante

Rendimenti: 1 porcion

Përbërës

- Sallam i butë italian --
- E pjekur në skarë
- Mustardë pikante
- Skewers

Drejtimet

a) Sallam i butë italian në skarë ose në skarë; priteni në copa dhe shërbejeni në hell, shoqëruar me mustardën pikante të preferuar.

70. Sallam i pjekur në skarë dhe Portobello

Rendimenti: 6 porcione

Përbërës

- 2 kilogramë domate; përgjysmuar
- 1 kërpudha e madhe Portobello
- 1 lugë gjelle vaj vegjetal
- 1 lugë çaji kripë; të ndarë
- 1 paund Salcice të ëmbla italiane
- 2 lugë vaj ulliri
- 1 lugë çaji hudhër të grirë
- $\frac{1}{4}$ lugë çaji trumzë
- $\frac{1}{4}$ lugë çaji Piper i freskët i bluar
- 1 paund Rigatoni

Drejtimet

a) Skara me ngrohje

b) Lyejini domatet dhe kërpudhat me vaj vegjetal dhe i rregulloni me $\frac{1}{2}$ lugë çaji kripë. Ziejini në skarë në nxehtësi të moderuar deri sa të zbuten, 5 deri në 10 minuta për domatet dhe 8 deri në 12 minuta për kërpudhat, duke e rrotulluar një herë. Salçiçet i grijmë në skarë 15 deri në 20 minuta, duke i rrotulluar një herë.

c) Pritini domatet në kube; segment salcice dhe kërpudha; Kaloni në pjatë të madhe . Hidhni vajin e ullirit, hudhrën, $\frac{1}{2}$ lugë çaji të mbetur kripë, trumzë dhe piper.

d) përzihet me rigatoni të nxehtë.

71.   Salcice të pjekura në skarë

Rendimenti: 1 porcion

Përbërës

- 1 ons kërpudha të thata porcini
- 1½ filxhan ujë të nxehtë
- 3 lugë vaj ulliri
- 1 qepë e madhe; Të prera në kubikë
- 3 thelpinj të mëdhenj hudhër; Të prera në kubikë
- 1½ lugë gjelle rozmarinë të freskët të prerë në kubikë
- ¼ lugë çaji Piper i kuq i tharë i grimcuar
- 2 kanaçe domate italiane kumbulle; i kulluar, i prerë në kubikë
- 2 lugë pastë domate
- 3½ paund Suxhuk të ndryshme të papjekura

Drejtimet

a) Vendosni kërpudhat në një enë të vogël. Shtoni 1½ filxhan ujë të nxehtë; lëreni të pushojë 30 minuta që të zbutet.

b) Hiqni kërpudhat nga lëngu i njomjes, duke shtrydhur kërpudhat për të lëshuar lëngun në të njëjtën pjatë. Lëng rezervë

c) Ngrohni vajin në nxehtësi të moderuar

d) Shtoni qepën dhe hudhrën; skuqeni derisa të zbutet, rreth 8 minuta. Shtoni rozmarinë dhe piper të kuq dhe skuqeni për 1 minutë. Shtoni domatet, pastën e domates dhe kërpudhat. derdhni në lëngun e njomjes së kërpudhave , duke lënë ndonjë sediment në fund të enës . Lëreni salcën të ziejë, duke e përzier shpesh.

e) Ulja e nxehtësisë; ziej derisa të trashet, duke e përzier herë pas here, rreth 1 orë. Sezoni

f) Grijini salçiçet deri sa të jenë gatuar, duke i rrotulluar herë pas here, rreth 12 minuta

72. Salcice të pjekura në skarë me rrush

Rendimenti: 1 shërbim

Përbërës

- 4 lugë vaj ulliri të virgjër
- 1 qepë e kuqe e moderuar , e segmentuar hollë
- 1 kile verë ose rrush vjollcë
- ½ paund lakër Napa, e segmentuar, në copa 1/8".
- 8 salsiçe italiane me kopër, të shpuara me pirun
- 4 lugë uthull vere të kuqe
- Kripë dhe piper për shije

Drejtimet

a) Ngrohni grilën.

b) tigan 12 deri në 14 inç , ngrohni vajin e ullirit derisa të pini duhan. Shtoni qepën dhe gatuajeni derisa të zbutet dhe të fillojë të marrë ngjyrë kafe, rreth 6 deri në 7 minuta.

c) Shtoni rrushin dhe lakrën dhe gatuajeni derisa lakra të jetë e butë dhe disa rrush të jenë zgjeruar, rreth 12 deri në 15 minuta.

d) Ndërkohë, vendoseni sallamin në skarë dhe gatuajeni, duke e rrotulluar rregullisht, rreth 12 deri në 15 minuta.

e) Shtoni uthull në përzierjen e lakrës dhe rregulloni me kripë dhe piper.

f) Vendosim sallamin mbi lakër dhe shërbejmë nga tigani.

73. Salcice pule tajlandeze të pjekura në skarë

Rendimenti: 1 shërbim

Përbërës

- 6 salsiçe pule me erëza tajlandeze
- 6 simite hot dog
- 6 lugë majonezë me pak yndyrë ose të rregullt
- 1 piper i kuq i vogël i pjekur në skarë ; grirë imët
- 2 lugë salcë tajlandeze kikiriku satay
- 4½ lugë çaji lëng lime

Drejtimet

a) Gatuani salsiçet mbi qymyr të nxehtë derisa të gatuhen; duke shtuar role në minutën e fundit ose dy për të pjekur.

b) Përzieni majonezën, piperin e kuq, salcën satay dhe lëngun e limonit në një pjatë të vogël ; përzieni mirë.

c) Përhapeni rrotullat e thekura me përzierje majonezë; shtoni salçiçet dhe garniturat sipas dëshirës.

74. S karkaleca dhe sallam skarë

Rendimenti: 4 porcione

Përbërës

- ¾ filxhan vaj ulliri
- 2 lugë gjelle (të paketuara) gjethe trumze të freskëta
- 2 karafil (të mëdhenj); i grirë
- ½ lugë çaji Piper i kuq i tharë i grimcuar
- 32 karkaleca të mëdha të papjekura; i qëruar, i zbërthyer
- 32 kërpudha Cremini ose butona; kërcell të prerë
- 8 hell bambuje; zhytur 30 minuta në ujë
- 1½ paund sallam Andouille

Drejtimet

a) Përzieni vajin e ullirit, trumzën, hudhrën e grirë dhe piperin e kuq të grirë në procesor për 1 minutë. hidheni përzierjen në një pjatë të madhe . Shtoni karkalecat dhe lërini të pushojnë 1 orë në temperaturën e dhomës. Hiqni karkalecat nga shëllira ; shëllirë rezervë . hidhni 1 kërpudha horizontalisht në 1 hell.

b) Mbani 1 copë andouille në kurbë prej 1 karkalec; thumba së bashku në hell, duke rrëshqitur pranë kërpudhave. përsëritni , duke alternuar gjithsej 4 kërpudha, 4 karkaleca dhe 4 copa andouille në çdo hell

c) Barbecue gati (nxehtësi e moderuar - e lartë). Sillni shëllirën e rezervuar të ziejë në një tenxhere të vogël të rëndë.

d) Rregulloni hellet në skarë dhe lyeni me shëllirë . Piqeni në skarë derisa karkalecat të jenë gatuar, duke i rrotulluar herë pas here dhe duke i pastruar me shëllirë , rreth 8 minuta.

75. Hot-dog të pjekur në skarë

Rendimenti: 20 porcione

Përbërës

- 2 gota salcë domate; <OR>
- 2 gota Pure domate
- 4 lugë salcë djegës
- 1 luge uthull
- 1 lugë gjelle Lëng limoni
- 2 lugë çaji Sheqer
- Kripë dhe piper
- $\frac{1}{2}$ lugë çaji paprika
- $\frac{1}{4}$ lugë çaji kanellë
- Qepë të prera në kubikë ; sipas dëshirës për shije
- $\frac{1}{4}$ lugë çaji speca
- 3 Kërcell Selino

Drejtimet

a) qepët dhe selinon dhe skuqini në vaj gatimi .

b) Shtoni përbërësit e mbetur dhe gatuajeni për rreth 20 minuta.

c) hidheni mbi hot dog-ët në tepsi për bukë, dhe gatuajeni një orë në skarë në 350°

76.   Hot-dog i pjekur në Barbecue

Përbërës

- 2/3 c. salcë bifteku
- 1 T. sheqer kaf
- 1/2 c. konservat e ananasit
- hot-dogs
- 2 T. gjalpë

Drejtimet

a) Përzieni katër përbërësit e parë. Ngroheni në një tenxhere të vogël në zjarr të ulët derisa sheqeri të tretet, duke e përzier herë pas here.

b) Grijini hot dogët mbi thëngjij të nxehtë, duke i lyer me salcë.

c) Kthehuni shpesh.

77.   Beerwursts

Përbërës

- 12 salcice bratwurst
- 24 ons birrë
- një tigan alumini të disponueshme

Drejtimet

a) Ngrohni grilën dhe Gati për pjekje indirekte. Vendoseni tiganin e aluminit mbi një pjesë të panxehur të skarës. derdhni birrën në tigan. Vendosni salsiçet mbi nxehtësinë e drejtpërdrejtë. Zjarri duhet të jetë një nxehtësi mesatare. Mbyllni kapakun dhe gatuajeni për rreth 10 minuta. Kthejeni shpesh bratwurst.

b) Kur bratwursts fillojnë të marrin ngjyrë kafe, zhvendosini ato në tiganin me birrën. Kur të gjitha bratwursts janë në tigan mbyllni kapakun dhe gatuajeni për rreth 20 minuta të tjera

c) Shërbejeni menjëherë nga tigani në mënyrë që salsiçet të jenë të nxehta dhe të lëngshme.

PERIMET

78.   Presh të pjekur në skarë me shampanjë

Rendimenti: 4 porcione

Përbërësit

- 6 rrjedhje me përmasa mesatare
- 2 lugë vaj ulliri
- 1 filxhan trumzë e freskët; të prera përafërsisht në kubikë
- 2 gota shampanjë
- 1 filxhan lëng pule
- 1 filxhan djath feta i grimcuar
- Kripë dhe piper; për shije

Drejtimet

a) Pritini majat dhe fundet e preshit, duke lënë rreth 2 deri në 3 centimetra jeshile mbi pjesën e bardhë të preshit. Nga mesi i preshit të prerë, bëni disa segmente për së gjati në drejtim të gjelbërimit të preshit. Shpëlajini preshët tërësisht.

b) Në një tigan të madh, ngrohni vajin e ullirit në nxehtësi të moderuar. Kur vaji të nxehet, shtoni trumzën dhe përzieni për 1 minutë. Shtoni preshin dhe ziejini për 3 minuta deri sa të marrin ngjyrë të artë nga disa anë. Shtoni shampanjën dhe lëngun dhe ziejini preshët derisa të zbuten, rreth 8 minuta. Hiqni preshin nga tigani dhe lërini mënjanë.

c) Vazhdoni të zieni salcën duke mbetur në tigan derisa të zvogëlohet përgjysmë. Ndërkohë, piqni preshin në skarë mbi zjarr mesatarisht të nxehtë me prush për 8 deri në 10 minuta, duke e rrotulluar disa herë. Nxirrni preshin nga grila dhe ndajini përgjysmë për së gjati.

d) Shërbejeni menjëherë, duke shtuar pak feta dhe pak salcë të reduktuar në secilën porcion

79. Shiitakes të pjekur në skarë me qymyr

Rendimenti: 4 porcione

Përbërësit

- 8 ons Shiitakes
- 1 luge vaj ulliri
- 1 lugë gjelle Tamari
- 1 lugë hudhër, e shtypur
- 1 lugë çaji Rozmarinë e grirë
- Kripë dhe piper të zi
- 1 lugë çaji shurup panje
- 1 lugë çaji vaj susami
- Edamame

Drejtimet

a) Shpëlaj kërpudhat. Hiqni dhe hidhni kërcellet. Përziejini kërpudhat me përbërësit e mbetur dhe marinojini për 5 minuta. Grijini kapakët mbi qymyr deri sa të skuqen lehtë.

b) Dekoroni me Edamame.

80. Perime konfeti të pjekura në skarë

Rendimenti: 4 porcione

Përbërësit

- 8 domate qershi; - përgjysmuar, deri në 10
- 1½ filxhan Misër i prerë nga kalli
- 1 piper i kuq i ëmbël; i përulur
- ½ piper jeshil i moderuar ; i përulur
- 1 qepë e vogël; Segmentuar
- 1 lugë gjelle gjethe borziloku të freskët; i prerë në kubikë
- ¼ lugë çaji Lëkurë limoni e grirë
- Kripë dhe piper; për shije
- 1 lugë gjelle + 1 lugë çaji gjalpë pa kripë ose; margarinë; hyj në mes

Drejtimet

a) Përziejini të gjithë përbërësit përveç gjalpit në një pjatë të madhe; përzieni butësisht që të përzihet mirë. Ndani përzierjen e perimeve në gjysmë. Vendoseni secilën gjysmë në mes të një copë letre alumini të rëndë 12 x 12 inç. Përzieni perimet me gjalpë

b) Sillni qoshet e fletës së bashku për të formuar një piramidë; përdredh për të vulosur.

c) Grijini paketat me fletë metalike mbi thëngjill mesatar të nxehtë për 15 deri në 20 minuta, ose deri sa perimet të zbuten. Shërbejeni menjëherë.

81. Karçoka të pjekura në skarë

Rendimenti: 6 porcione

Përbërësit

- 12 angjinare të reja të mëdha
- 1½ filxhan uthull vere sheri
- ½ filxhan lëng limoni
- 1 filxhan vaj ulliri
- kripë dhe piper

Drejtimet

a) Një nga një, kapni angjinaret nga kërcelli dhe goditeni në sipërfaqen e punës për t'i hapur ato pa i prishur gjethet.

b) Pritini kërcellet; lajeni në ujë të ftohtë dhe kullojeni. Rregulloni një shtresim me angjinare në një enë të madhe. Spërkateni mirë dhe spërkatni me uthull, më pas shtoni pak lëng limoni dhe pak vaj.

c) përsërisni procesin derisa të gjitha angjinaret të jenë në shëllirë. Lëreni të marinohet për 8 orë duke e përzier herë pas here me një lugë të gjatë druri.

d) Kur marinohen, grijini angjinaret mbi qymyr ose dru të fortë, duke i lyer me shëllirë.

e) Shërbejeni shumë të nxehtë, dy në një pjatë, në një 'pozicion ulur' me gjethet e drejtuara lart.

82. Patate të pjekura në skarë

Rendimenti: 4 porcione

Përbërësit

- 3 patate Russet, secila e prerë në 8 copa për së gjati
- 1 qepë, e segmentuar hollë
- 2 lugë vaj ulliri
- 1 lugë majdanoz i freskët i prerë në kubikë
- ½ lugë çaji pluhur hudhër
- ½ lugë çaji kripë
- ½ lugë çaji piper i grirë trashë
- 1 filxhan djathë çedër i grirë ose djathë Colby-jack

Drejtimet

a) Në një pjatë të madhe përzieni copat e patateve, qepën, vajin, majdanozin, hudhrën pluhur, kripën dhe piperin. Vendoseni në një tavë me fletë metalike në një shtresë të vetme. Mbulojeni me tavën e dytë me petë për të formuar pako. Përforconi skajin e mbyllur të paketës me fletë metalike.

b) Vendoseni në skarë mbi nxehtësinë mesatare ; gatuajeni 40 deri në 50 minuta ose më shumë derisa të zbutet, duke tundur pakon në mënyrë periodike dhe duke e rrotulluar me kokë poshtë në gjysmë të rrugës së pjekjes në skarë. Hiqni mbulesën; sipër me djathë. Mbulojeni, gatuajeni edhe 3 deri në 4 minuta derisa djathi të shkrihet.

83.   Pilaf elbi me mollë të pjekura në skarë

Rendimenti: 6 porcione

Përbërësit

- 1 filxhan Elb
- 2 lugë çaji vaj Canola
- 1 lugë çaji ekstrakt vanilje
- $\frac{1}{8}$ lugë çaji Kanellë e bluar
- $\frac{1}{8}$ lugë çaji arrëmyshk i grirë
- $\frac{1}{8}$ lugë çaji kardamom i bluar
- $1\frac{1}{2}$ filxhan lëng molle
- $1\frac{1}{2}$ filxhan Ujë
- 2 Mollë për pjekje
- 2 lugë gjelle lëng molle
- $\frac{1}{4}$ lugë çaji kanellë të bluar

Drejtimet

a) PILAF: Në një tenxhere prej 2 litrash, përzieni elbin, vajin, vaniljen, kanellën, arrëmyshkun dhe kardamonin. Ziejini derisa të marrin aromë, rreth 2 minuta. Shtoni lëngun e mollës dhe ujin

b) Lëreni të vlojë, zvogëloni nxehtësinë, mbulojeni dhe ziejini për 45 deri në 60 minuta ose më shumë derisa elbi të zbutet dhe të përthithet i gjithë lëngu.

c) MOLLËT: Pritini mollët nga bërthamat dhe pritini në mënyrë tërthore në formë të hollë. Vendoseni në një fletë pjekjeje. spërkateni me 1 lugë gjelle lëng molle dhe $\frac{1}{8}$ lugë çaji kanellë. Grijini rreth 4 inç nga zjarri për rreth 3 minuta. Ktheni segmentet dhe spërkatni me lëngun e mbetur dhe kanellën. Piqeni në skarë për 2 minuta. Shërbejeni të nxehtë me pilafin.

84. Kunguj dhe kunguj te pjekur ne skare

Rendimenti: 4 porcione

Përbërësit

- ¼ filxhan vaj ulliri
- 1 lugë hudhër të grirë
- ¼ filxhan spec djegës të freskët të grirë
- Zgjedhja juaj
- 2 lugë fara Comino
- Kripë dhe piper për shije
- 2 Kunguj të njomë të moderuar , të prerë në gjatësi
- 2 kunguj verore të moderuara , të prera
- ¼ filxhan vaj ulliri
- ⅓ filxhan lëng limoni i freskët
- 3 lugë mjaltë
- ¼ filxhan Cilantro të freskët të prerë në kubikë
- Kripë dhe piper për shije

Drejtimet

a) Përgatitja e salcës: Në një enë të vogël përzieni të gjithë përbërësit dhe lërini mënjanë.

b) Në një pjatë të moderuar , përzieni vajin e ullirit, hudhrën, specin djegës dhe farat e kominosë dhe përzieni mirë. Shtoni kungujt dhe dërrasat e kungujve dhe përziejini mirë që kungujt të mbulohen plotësisht me masën.

c) Vendosini kungujt në skarë mbi një zjarr mesatar të nxehtë dhe ziejini për rreth 3 minuta nga secila anë, ose deri sa të skuqen mirë. Hiqni kungujt nga skara, vendosini në një pjatë, spërkatini me salcë dhe shërbejini.

85.   Fettuccine me kërpudha perle s

Rendimenti: 4 porcione

Përbërësit

- 8 thelpinj hudhër; Segmentuar hollë
- 4 lugë vaj ulliri të virgjër
- 1 filxhan Cinzano Rosso ose vermut tjetër të ëmbël të kuq
- ½ paund kërpudha perle; i pjekur në skarë ose i pjekur në skarë
- 1 filxhan lëng pule
- 4 lugë vaj ulliri ekstra i virgjër
- Kripë; për shije
- Piper i zi i freskët i bluar; për shije
- 1 kile makarona të freskëta; prerë në fetuccine
- 1 tufë rukolë e freskët; me rrjedh, të larë,
- Një grusht bizele për zbukurim

Drejtimet

a) Sillni 6 litra ujë të ziejnë dhe shtoni 2 lugë kripë. Në një tigan Sear 10 deri në 12 inç, ngrohni 4 lugë gjelle vaj ulliri të virgjër në nxehtësi të moderuar dhe shtoni hudhër dhe ziejini deri në kafe të hapur. Hiqeni nga zjarri dhe shtoni Cinzano.

b) Vendoseni në zjarr dhe shtoni kërpudhat e detit, lëngun e pulës dhe 4 lugë vaj ulliri ekstra të virgjër dhe zvogëloni për gjysmën. I rregullojmë me kripë dhe piper. Hidhini makaronat në ujë të vluar dhe ziejini derisa të zbuten dhe të jenë al dente (rreth 1 deri në 2 minuta). I kullojmë në kullesë mbi lavaman dhe i hedhim makaronat e nxehta

c) Ziejini tiganin me përzierjen e kërpudhave. Përziejini butësisht mbi nxehtësinë mesatare për 1 minutë për të lyer petët. Përzieni rukolën e papërpunuar dhe përzieni për 30 sekonda derisa të vyshket. Hidheni në pjatën e nxehur të porcionit dhe shërbejeni menjëherë.

86.   Perimet e vjeshtës në skarë

Rendimenti: 1 porcion

Përbërësit

- 2 patate pjekje
- 2 patate të ëmbla
- 1 Kungull Acorn
- ¼ filxhan gjalpë; i shkrirë
- 3 lugë vaj vegjetal
- 1 lugë trumzë
- Kripë dhe piper për shije

Drejtimet

a) Ngrohni grilën dhe Gati për pjekje indirekte. Qëroni patatet, patatet e ëmbla dhe kungujt. Pritini në segmente 1 inç të trashë. Hidhni farat dhe fibrat nga kungulli. Përziejini perimet me vaj, kripë dhe piper. Në një pjatë të vogël përzieni gjalpin dhe trumzën

b) Vendosini perimet në skarë larg nxehtësisë direkte.

c) Mbyllni kapakun dhe gatuajeni për rreth 15 minuta. Kthejeni dhe vazhdoni gatimin për 15 minuta të tjera. Kthejeni përsëri dhe lyeni me përzierjen e gjalpit dhe trumzës. Lyejini të gjitha anët dhe vazhdoni zierjen derisa perimet të zbuten.

87.   Kungull i pjekur në skarë dhe shparg

Rendimenti: 1 porcion

Përbërësit

- 4 Kungull Acorn
- Kripë; për shije
- Piper; për shije
- 4 degë rozmarine
- 4 lugë qepë; i grirë
- 4 lugë selino; i grirë
- 4 lugë Karrota; i grirë
- 4 lugë vaj ulliri
- 2 gota lëng perimesh
- 1 paund Quinoa; i larë
- 2 paund Kërpudha të egra të freskëta
- 2 paund Asparagus me laps

Drejtimet

a) Fërkoni me forcë kungujt e lisit me kripë, piper, vaj dhe rozmarinë, brenda.

b) Grijini me fytyrë poshtë për 8 minuta. Rrokullisni, vendosni rozmarinën brenda dhe gatuajeni të mbuluar për 20 minuta.

c) Në një tenxhere vendosim qepët, selinon, karotat dhe 1 lugë gjelle vaj ulliri dhe i kaurdisim. Shtoni lëngun dhe quinoan dhe lërini të ziejnë. Mbulojeni fort dhe ziejini për 10 minuta. Zbuloni kungullin vendosni përzierjen e quinoas brenda kungujve dhe mbulojeni. Gatuani edhe 10 minuta të tjera.

d) Përziejini lehtë kërpudhat dhe shpargujt me vaj ulliri, kripë dhe piper. Grijini për 3 minuta nga secila anë. Shërbejeni kungullin me quinoa brenda dhe kërpudhat dhe shpargujt të rrjedhin përreth.

88. Libër i pjekur në skarë Choy

Rendimenti: 1 porcion

Përbërësit

- 2 Heads bok cho y
- $\frac{1}{4}$ filxhan uthull vere orizi
- 1 lugë gjelle salcë djegës
- Kripë dhe piper
- $\frac{3}{4}$ filxhan vaj vegjetal
- 2 Qepe; i prerë në kubikë
- 2 lugë fara susami

Drejtimet

a) Në një pjatë, përziejmë uthullën, salcën djegës dhe e rregullojmë me kripë dhe piper.

b) Rrihni në vaj. Përzieni qepët dhe farat e susamit.

c) Ngrohni skarë dhe vendosni copa bok Choy në skarë të nxehtë. Grijini 2 deri në 5 minuta deri sa të zbuten. Visheni me vinegrette.

89.   Sallatë kopshti në anën e skarës

Rendimenti: 6 porcione

Përbërësit

- 2 domate të moderuara, të prera dhe të prera në kubikë
- 1 kungull i njomë i moderuar, i prerë në kubikë
- 1 filxhan misër me kokërr të ngrirë, të shkrirë
- 1 avokado e vogël e pjekur, e qëruar, e prerë dhe e prerë në kubikë të trashë
- ⅓ filxhan Qepë të gjelbra të segmentuara hollë me majë
- ⅓ filxhan salcë Pace Picante
- 2 lugë vaj vegjetal
- 2 lugë gjelle cilantro ose majdanoz të freskët të prerë në kubikë
- 1 lugë gjelle lëng limoni ose gëlqereje
- ¾ lugë çaji kripë hudhër
- ¼ lugë çaji qimnon i bluar

Drejtimet

a) Përzieni domatet, kungull i njomë, misrin, avokadon dhe qepët e njoma në një pjatë të madhe.

b) Përziejini përbërësit e mbetur; përzieni mirë. Hidhni mbi përzierjen e perimeve; përzieni butësisht. Ftoheni 3-4 orë, duke e përzier herë pas here butësisht.

c) Përziejeni butësisht dhe shërbejeni të ftohur ose në temperaturën e dhomës me salcë shtesë Pace Picante.

90.   Asparagus dhe domate të pjekura në skarë

Rendimenti: 1 porcion

Përbërësit

- 12 ons Asparagus, i prerë
- 6 domate të pjekura, të përgjysmuara
- 3 lugë vaj ulliri
- Kripë dhe piper
- 1 thelpi hudhër, i grirë
- 1 lugë gjelle Mustardë
- 3 lugë gjelle uthull balsamike
- ⅓ filxhan vaj ulliri
- Kripë dhe piper

Drejtimet

a) Nxehni tiganin e skarës mbi nxehtësinë mesatare të lartë. Në një pjatë të madhe përzieni shpargun me vaj ulliri dhe kripë e piper. Lyejmë domatet me vajin e mbetur të ullirit në enë. Grijini në skarë shpargujt dhe domatet, veçmas derisa të zbuten, por pa u copëtuar.

b) Në një pjatë Përzieni hudhrën, mustardën, uthullën balsamike dhe vajin e ullirit me një rrahëse ose mikser dore. I rregullojmë sipas shijes me kripë dhe piper

c) Shërbejini perimet e pjekura në skarë të spërkatura me vinegrette.

91.	Brekë e pjekur në skarë me kopër

Rendimenti: 1 porcion

Përbërësit

- 4 fileto krapi
- Vaj ulliri për larje
- 10 Shalots; i qëruar, i segmentuar
- 4 karota; Segmentuar imët
- 1 Kopër e plotë; bërthama, e përgjysmuar
- 2 majë shafran
- Verë e bardhë e ëmbël
- 1-litë lëng peshku
- Krem i dyfishtë 1 litër
- Një portokall; lëngun e
- 1 tufë koriandër; prerë imët

Drejtimet

a) Ziejini në vaj ulliri pa ngjyrosur karotat, qepujt, kopër dhe shafranin për 3-4 minuta. Mbulojini perimet për tre të katërtat me verë dhe zvogëloni plotësisht.

b) Shtoni lëngun e peshkut dhe zvogëloni me një të tretën. Kontrolloni karotat duke i reduktuar dhe nëse sapo janë gatuar, kullojeni pijen nga perimet dhe kthejeni pijen në tigan për ta reduktuar më tej. Lërini mënjanë perimet.

c) Shtoni kremin në pijen reduktuese dhe zvogëloni që të trashet pak. I lyejmë filetot e krapit me vaj ulliri dhe i grijmë në grilë nga ana e lëkurës poshtë.

d) Shtoni lëngun e portokallit në lëngun e reduktuar dhe ktheni perimet në tigan. I rregullojmë dhe i shërbejmë me peshkun.

92.   Sallatë Karaibe e pjekur në skarë me djegës

Rendimenti: 2 porcione

Përbërësit

- ¼ filxhan mustardë Dijon
- ¼ filxhan mjaltë
- 1½ luge Sheqer
- 1 lugë gjelle vaj susami
- 1½ lugë gjelle uthull molle
- 1½ lugë çaji lëng lime
- 2 domate të moderuara , të prera në kubikë
- ½ filxhan qepë spanjolle, të prerë në kubikë
- 2 lugë çaji piper Jalapeño
- 2 lugë çaji Cilantro, i grirë imët
- majë kripë
- 4 gjysma të gjoksit të pulës; pa kocka dhe pa lëkurë
- ½ filxhan shëllirë Teriyaki
- 4 gota marule Iceberg, të prera në kubikë
- 4 gota Marule me gjethe jeshile, të prera në kubikë
- 1 filxhan lakër të kuqe, të prerë në kubikë
- 1 kanaçe copa ananasi në lëng,

- ; e kulluar (kanaçe 5,5 oz)
- 10 patate të skuqura tortilla

Drejtimet

a) Përgatitni dressing-un duke i përzier të gjithë përbërësit në një enë të vogël me një mikser elektrik. Mbulojeni dhe ftohuni.

b) Bëni Pico de Gallo duke kombinuar të gjithë përbërësit në një pjatë të vogël. Mbulojeni dhe ftohuni.

c) Marinojeni pulën në teriyaki për të paktën 2 orë. Vendoseni pulën në qese dhe derdhni në shëllirë, më pas përziejeni në frigorifer.

d) Përgatitni skarën ose ngrohni një skarë me sobë. Piqeni pulën në skarë për 4 deri në 5 minuta në çdo anë ose më shumë derisa të jetë gati.

e) Përzieni marulen dhe lakrën së bashku dhe më pas ndajini zarzavatet në 2 pjata të mëdha sallatë me porcione individuale.

f) Ndani pico de gallo dhe derdhni në 2 pjesë të barabarta mbi zarzavate.

g) Ndani ananasin dhe spërkateni mbi sallata.

h) Thyejeni patate të skuqura tortilla në copa të mëdha dhe spërkatni gjysmën në secilën sallatë.

i) Segmentoni gjokset e pulës së pjekur në skarë në shirita të hollë dhe shpërndani gjysmën e shiritave në secilën sallatë.

Hidheni dressing-un në 2 pjata të vogla dhe shërbejeni me sallatat.

93.   **Sallatë me rukola dhe perime të pjekura në skarë**

Rendimenti: 8 porcion

Përbërësit

- 1½ filxhan vaj ulliri
- ¼ filxhan lëng limoni
- ¼ filxhan uthull balsamike
- ¼ filxhan barishte të freskëta; pjesë të barabarta
- . e majdanozit, rozmarinës, sherebelës
- . trumzë dhe rigon
- 4 pika salcë Tabasco
- Kripë dhe piper për shije
- 2 speca zile të kuqe; përgjysmuar
- 3 domate kumbulla; përgjysmuar
- 2 qepë të kuqe të moderuara
- 1 patëllxhan i vogël; Segmentuar 1/2" trashësi
- 10 kërpudha me butona
- 10 të vogla patate të kuqe; i gatuar
- ⅓ filxhan vaj ulliri
- Kripë dhe piper për shije
- 3 tufa rukola; larë dhe tharë

- 1 kile mocarela; Segmentuar hollë
- 1 filxhan ulliri i zi; me gropa

Drejtimet

a) Në një pjatë të moderuar , Përzieni vajin e ullirit, lëngun e limonit, uthullën, barishtet, salcën Tabasco dhe kripë e piper; më pas përziejini mirë. Le menjane.

b) Në një enë shumë të madhe vendosim specat, domatet, qepën, patëllxhanin, kërpudhat dhe patatet. Shtoni vajin e ullirit, kripën dhe piperin; më pas përziejmë mirë që perimet të lyhen me vaj. Ziejini perimet në një zjarr të moderuar të nxehtë derisa të skuqen mirë, 4 deri në 6 minuta nga secila anë. Nxirreni nga grila dhe sapo të jetë ftohur mjaftueshëm për t'u trajtuar, priteni në copa sa një kafshatë.

c) Bëni një shtrat të rukolës në një pjatë të madhe dhe të cekët. Sipër rukolës i rregullojmë perimet e pjekura në skarë, sipër i hedhim mocarelën dhe ullinjtë dhe i shërbejmë së bashku me dressing-un.

94. Sallatë me mish qengji të pjekur në skarë dhe fasule lima

Rendimenti: 4 porcione

Përbërësit

- 2 speca zile të kuqe
- ¾ filxhan vaj ulliri
- ¼ filxhan uthull balsamike
- 1 lugë gjelle hudhër; i grirë
- ¼ filxhan borzilok; prerë imët
- Kripë dhe piper për shije
- 1 filxhan fasule Lima; granatuar
- 1 kile mish qengji; Kube 1/2".
- 1 tufë rukola; larë dhe tharë
- 1 domate e madhe; i prerë në kubikë të mëdhenj

Drejtimet

a) Piqini specat në një zjarr të nxehtë, duke i rrotulluar për t'u gatuar në mënyrë të barabartë, derisa lëkura të jetë shumë e errët dhe me flluska. Hiqeni nga grila, futeni në një qese letre kafe, mbylleni qesen dhe lërini specat të ftohen në qese për 20 minuta. Hiqeni nga qesja, hiqni lëkurën dhe hiqni farat dhe kërcellet.

b) Vendosni specat në një përpunues ushqimi ose mikser dhe me motorin ende të ndezur, shtoni vajin e ullirit në një rrjedhë të qëndrueshme. Shtoni uthullën balsamike, hudhrën dhe borzilokun dhe më pas pulni për të përzier.

c) I rregullojmë me kripë dhe piper, më pas e lëmë mënjanë.

d) Në një tenxhere të moderuar , vendosni 2 gota ujë të kripur të ziejnë. Shtoni fasulet lima dhe ziejini derisa të jenë të buta, por jo të buta, 12 deri në 15 minuta. Kullojini, zhyteni në ujë të ftohtë për të ndaluar zierjen, kullojini përsëri dhe vendosini në një enë të madhe.

e) Ndërkohë, rregulloni mishin e qengjit me kripë dhe piper për shije, Hidheni në hell dhe skuqeni në zjarr të nxehtë për 3 deri në 4 minuta nga secila anë.

f) Hiqeni nga zjarri dhe rrëshqitni hellet.

g) Shtoni mishin e qengjit, rukolën dhe domaten në pjatën që përmban fasulet lima. E trazojmë shumë mirë dressing-un, e shtojmë sa të njomet përbërësit, e përziejmë mirë dhe e servirim.

95. Sallatë me avokado dhe oriz

Rendimenti: 4 porcione

Përbërësit

- 1 filxhan oriz Wehani
- 3 domate të pjekura kumbulle; fara dhe të prera në kubikë
- ¼ filxhan qepë të kuqe të prerë në kubikë
- 1 piper i vogël Jalapeño; fara dhe të prera në kubikë
- ¼ filxhan cilantro i prerë imët
- ¼ filxhan vaj ulliri ekstra i virgjër
- 1 lugë gjelle lëng lime
- ⅛ lugë çaji farë selino
- Kripë dhe piper; për shije
- 1 avokado e pjekur
- Zarzavate të përziera për fëmijë

Drejtimet

a) Gatuani orizin Wehani sipas udhëzimeve në paketim

b) Përhapeni në tepsi të ftohet.

c) Në një pjatë të madhe, përzieni orizin me domate, qepë të kuqe, piper jalapeño dhe cilantro. Shtoni vaj ulliri ekstra të virgjër, lëng limoni dhe farën e selinos. I rregullojmë me kripë dhe piper

d) Për ta servirur, qëroni dhe copëtoni avokadon. Rregulloni segmente mbi zarzavate të përziera për fëmijë.

e) Lugë sallatë me oriz Wehani mbi avokado. Nëse dëshironi, zbukurojeni me perime të pjekura në skarë.

96. Oriz kaf dhe perime të pjekura në skarë

Rendimenti: 6 porcione

Përbërësit

- 1½ filxhan oriz kaf
- 4 kungull i njomë të përgjysmuar për së gjati
- 1 qepë e kuqe e madhe, e prerë në mënyrë tërthore në 3 segmente të trasha
- ¼ filxhan vaj ulliri, plus...
- ⅓ filxhan vaj ulliri
- 5 lugë salcë soje
- 3 lugë salcë Worcestershire
- 1¼ filxhan patate të skuqura druri Mesquite të njomur në ujë të ftohtë për 1 orë (opsionale)
- 2 gota kokrra misri te fresket
- ⅔ filxhan lëng i freskët portokalli
- 1 lugë gjelle lëng limoni të freskët
- ½ filxhan majdanoz italian i prerë në kubikë

Drejtimet

a) Gatuani orizin në një tenxhere të madhe me ujë të kripur të vluar deri sa të zbutet, rreth 30 minuta

b) Kullojini mirë. Lëreni të ftohet në temperaturën e dhomës.

c) Përzieni ¼ filxhani vaj, 2 lugë salcë soje dhe 2 lugë salcë Worcestershire; hidhni sipër kungull i njomë dhe segmente qepë në një enë të cekët. Lërini të marinohen për 30 minuta, duke i rrotulluar perimet një herë gjatë kësaj kohe.

d) Barbecue gati (nxehtësi e moderuar - e lartë). Kur qymyri të bëhet i bardhë, kullojeni patate të skuqura mesquite (nëse përdorni) dhe shpërndajeni mbi qymyr. Kur patatet e skuqura fillojnë të pijnë duhan, vendosni qepën dhe kungull i njomë në skarë, duke erëza me kripë dhe piper

e) Mbulojeni dhe gatuajeni derisa të zbutet dhe të marrë ngjyrë kafe (rreth 8 minuta), duke e rrotulluar herë pas here dhe duke e larë me shëllirë. Hiqni perimet nga grila.

f) Pritini segmentet e qepëve në katërsh dhe kunguj të njomë në copa 1 inç. Vendoseni në një enë me porcion me oriz dhe misër të ftohur.

g) Përzieni lëngun e portokallit, lëngun e limonit, ⅓ filxhan vaj, 3 lugë salcë soje dhe 1 lugë gjelle salcë Worcestershire. Hidhni 1 filxhan dressing mbi sallatën dhe përzieni derisa të përzihet. Hidhni majdanozin dhe rregulloni me kripë dhe piper.

h) Shërbejeni sallatën me salcë shtesë anash.

97. Apple sallatë mango me pulë të pjekur në skarë

Rendimenti: 4 porcione

Përbërësit

- 2 lugë gjelle uthull vere orizi
- 1 lugë gjelle qiqra të freskëta; i prerë në kubikë
- 1 lugë çaji xhenxhefil i freskët; të grira
- ½ lugë çaji kripë
- ¼ lugë çaji Piper i freskët i bluar
- 1 lugë gjelle vaj luledielli
- ½ lugë çaji kripë
- ¼ lugë çaji Piper i freskët i bluar
- ¼ lugë çaji Qimnon
- 1 majë piper i kuq i bluar
- 4 Pa kocka; gjysmat e gjoksit të pulës pa lëkurë
- Spërkatje për gatimin e perimeve
- 8 gota zarzavate sallatë të përziera
- 1 mango e madhe; të qëruara dhe të segmentuara
- 2 mollë Golden Delicious; i qëruar, i qëruar, i Segmentuar hollë
- ¼ filxhan fara luledielli
- Bukë susami; (opsionale)

Drejtimet

a) Përgatitni Ginger-Vinaigrette: Përzieni uthull, qiqra, xhenxhefil, kripë dhe piper në një pjatë të vogël; rrahim gradualisht me vaj. Bën $\frac{1}{4}$ filxhan.

b) Përzieni kripën, piperin, qimnonin dhe piperin e kuq në filxhan. spërkat mbi të dy anët e pulës. Lyeni lehtë tiganin e rëndë të skarës ose tavanin prej gize me llak gatimi perimesh

c) Ngroheni 1 deri në 2 minuta mbi nxehtësinë mesatare - të lartë

d) Gatuani pulën 5 deri në 6 minuta nga çdo anë, derisa të gatuhet. Kaloni në dërrasën e prerjes.

e) Përzieni zarzavate, mango dhe segmente molle me 3 lugë salcë. Rregulloni sallatën në 4 pjata individuale të darkës.

f) Segmentoni pulën dhe ndajeni në mënyrë të barabartë mbi zarzavate; spërkatni pjesën e mbetur 1 lugë gjelle salcë mbi pulë. spërkatni 1 lugë gjelle fara luledielli mbi çdo sallatë.

g) Shërbejeni me bukë susami sipas dëshirës.

98. Sallatë me pulë të pjekur në skarë dhe qiqra

Rendimenti: 4 porcione

Përbërësit

- 2 lugë hudhër të grirë
- 2 lugë gjelle xhenxhefil të freskët; të qëruara dhe të grira
- 1 lugë çaji qimnon i bluar
- ½ lugë çaji kripë
- ¼ lugë çaji Piper i kuq i bluar
- 4 gjysma të gjoksit të pulës me lëkurë dhe me kocka
- 2 kanaçe (15 ons) qiqra; shpëlahet dhe kullohet
- ½ filxhan kos i thjeshtë
- ½ filxhan salcë kosi
- 1 lugë gjelle pluhur kerri
- 1 lugë gjelle lëng limoni
- ½ lugë çaji kripë
- 1 spec i kuq zile; i prerë në kubikë
- ¼ filxhan P ur qepë; i prerë në kubikë
- 2 speca Jalapeño ; me farë dhe të grirë
- 2 lugë gjelle cilantro e freskët; i prerë në kubikë
- 2 lugë mente të freskët; i prerë në kubikë

- 3 gota spinaq të freskët; të grisura
- 3 gota marule me majë të kuqe; të grisura
- 2 lugë lëng limoni
- 1 lugë gjelle vaj kerri të nxehtë

Drejtimet

a) Përzieni 5 përbërësit e parë; spërkatni gjoksin e pulës në të gjitha anët.

b) Mbulojeni dhe ftohuni për 1 orë

c) Përziejini së bashku qiqrat dhe 10 përbërësit e ardhshëm; mbulojeni dhe ftoheni. Piqeni pulën në skarë, të mbuluar me kapak të skarës, mbi nxehtësinë mesatare - të lartë (350° deri në 400°) 5 minuta nga secila anë. Pritini në segmente ½ inç të trashë. Mbani ngrohtë. Përzieni spinaqin dhe marulen në një pjatë të madhe.

d) Përzieni lëngun e limonit dhe vajin e kerit; spërkatni mbi zarzavate dhe përzieni butësisht. Rregulloni në mënyrë të barabartë në 4 pjata porcionesh ; sipër në mënyrë të barabartë me sallatë me qiqra dhe një gjoks pule të segmentuar. Rendimenti: 4 porcione .

99. Sallatë me proshutë viçi të pjekur në skarë

Rendimenti: 1 porcion

Përbërësit

- ½ filxhan vaj ulliri
- 3 thelpinj hudhër; të prera në kubikë të trashë
- 4 degë rozmarinë
- 8 ons; fileto viçi
- Kripë dhe piper i zi i sapo bluar
- 2 limonë; i pjekur në skarë
- 1 lugë qepe e prerë në kubikë të trashë
- 1 lugë gjelle rozmarinë e freskët të prerë në kubikë të trashë
- 3 thelpinj hudhër të pjekur në skarë
- ½ filxhan vaj ulliri
- Kripë dhe piper i sapo bluar
- 8 gota marule rome të prera në kubikë
- Limon i pjekur në skarë- Vinegrette me hudhër i pjekur në skarë
- 8 segmente Proshuto; i përulur
- 12 qepë; i pjekur në skarë dhe i prerë në kubikë
- 2 domate të kuqe; i prerë në kubikë

- 2 domate të verdha; i prerë në kubikë
- 1½ filxhan Gorgonzola e grimcuar
- Fileto viçi i pjekur në skarë; i prerë në kubikë
- 4 vezë të ziera fort; të qëruara dhe të prera në kubikë
- 2 Haas avokado; i qëruar, me gropa
- Qiqra të prera në kubikë
- 8 thelpinj hudhër të pjekur në skarë
- 2 Ngjit gjalpë pa kripë; i zbutur
- Kripë dhe piper i sapo bluar
- 16 segmente bukë italiane; Segmentuar 1/4-inç
- ¼ filxhan majdanoz i prerë imët
- ¼ filxhan rigon i prerë imët

Drejtimet

a) Përzieni vajin, hudhrën dhe rozmarinën në një enë pjekjeje të vogël të cekët. Shtoni mishin e viçit dhe përzieni që të lyhet. Mbulojeni dhe vendoseni në frigorifer për të paktën 2 orë ose gjatë gjithë natës. Lëreni të qëndrojë në temperaturën e dhomës për 30 minuta përpara se t'i grini

b) Ngrohni grilën. Hiqeni viçin nga shëllira, rregulloni me kripë dhe piper për shije dhe piqeni në skarë për 4 deri në 5 minuta nga secila anë për gatishmëri mesatare të rrallë.

100.   pjekur në skarë dhe patate të reja

Rendimenti: 4 porcione

Përbërësit

- 2 gjoks pule pa kocka
- 3 lugë vaj ulliri
- 8 të vogla patate të reja, të përgjysmuara
- Kripë dhe të sapo bluar
- Piper
- 6 thelpinj hudhër të pjekur në skarë
- Gjashtë tortilla me miell 6 inç
- ½ filxhan djathë Monterey Jack
- ½ filxhan djathë çedër i bardhë
- 2 lugë trumzë e freskët
- 2 lugë vaj vegjetal

Drejtimet

a) Ngrohni grilën. Lyejini gjokset e pulës me 1 lugë gjelle vaj ulliri dhe i rregulloni me kripë dhe piper sipas shijes.

b) Grijini gjokset nga secila anë për 4 deri në 5 minuta, nxirrini dhe lërini të pushojnë.

c) Përziejini patatet në vajin e mbetur të ullirit dhe i rregulloni me kripë dhe piper për shije. Piqeni mishin në skarë poshtë për 2 deri në 3 minuta deri në kafe të artë, kthejeni dhe vazhdoni gatimin derisa të zbutet.

d) Vendosni 4 tortilla në një tepsi të palyer me yndyrë

e) Përhapeni çdo tortilla me 2 lugë gjelle nga çdo djathë, 4 segmente pule, 1 thelpi hudhër dhe 4 gjysma patate. spërkatni çdo tortilla me trumzë të freskët.

f) Vendosni 2 shtresat dhe mbulojini me 2 tortillat e mbetura. Lyejeni tortillat e sipërme me vaj vegjetal, vendosni vajin nga ana poshtë në skarë.

g) Gatuani nga njëra anë lart derisa të marrë ngjyrë kafe të artë, kthejeni nga ana tjetër dhe vazhdoni të gatuani derisa djathi të shkrihet.

h) Pritini në katërsh dhe shërbejeni menjëherë.

PËRFUNDIM

Nëse dëshironi që diçka të jetë autentike, atëherë përdorni tradicionalen, por kur të gjeni recetat tuaja të preferuara, përshtateni me atë që ju pëlqen më shumë. F

Me këtë libër, ju do të keni një bazë të mirë në atë që funksionon më mirë për mish të ndryshëm, më pas do të eksperimentoni dhe do të argëtoheni duke gjetur recetat tuaja perfekte. Siç tha Picasso, "Mësoni rregullat si një profesionist, në mënyrë që t'i thyeni ato si një artist".

www.ingramcontent.com/pod-product-compliance
Lightning Source LLC
Chambersburg PA
CBHW070650120526
44590CB00013BA/899